국민대학교 국제교육원

Institute of International Education
Kookmin University

국민 한국어 4-1

STUDENT'S BOOK

MP3, 별책 부록 포함

국민대학교 국제교육원
https://iie.kookmin.ac.kr/ko/main

국민 한국어 4-1

KOOKMIN KOREAN

국민대학교 국제교육원 한국어교육센터 편

초 판 1 쇄 2019년 12월 16일
초 판 2 쇄 2021년 08월 25일
초 판 3 쇄 2024년 01월 30일
초 판 4 쇄 2026년 01월 30일

편 집 인 국민대학교 국제교육원
집 필 진 노미연, 강보미, 김민혜, 석소현, 신선, 정은주
감 수 이동은, 정연희

발 행 인 정승렬
발 행 처 국민대학교 출판부
등 록 1975년 6월 17일 제6-33호
주 소 서울특별시 성북구 정릉로 77
전 화 02-910-4242
팩 스 02-910-4240

인 쇄 삼아인쇄사
전 화 02-22272-2126
삽 화 오정민
녹 음 ㈜예성미디어

ISBN 978-89-7812-449-2 (14700)
978-89-7812-448-5 (세트)

값 24,000원 (세트 44,000원)

☆ mp3 음원은 국민대학교 한국어교육센터(https://iie.kookmin.ac.kr/ko/main)에서 다운받을 수 있습니다.
☆ 책이 나올 때까지 조언을 아끼지 않았던 국민대학교 이효정 교수님과 선생님들, 행정 지원을 해 주신 교학팀 선생님들, 그리고 이동은 국제교육원장님의 지원과 지지에 감사드립니다.
☆ 국민대학교 한국어교육센터 학생들, 인터뷰에 응해 준 글로벌한국어전공 학생들, 글을 제공해 준 다카쿠라 미유키에게 감사드립니다.
☆ 사진 게재를 허락해 주신 문수산 법륜사 혜운 스님, 동물자유연대, 한국방송광고진흥공사에 감사드립니다.

머리말

2019년 현재 한국어는 사용 인구 20위권 내의 세계적인 중심 언어로 자리매김하고 있으며, 한국 문화와 더불어 한국을 알리는 중요한 역할을 수행하고 있습니다. 이러한 맥락에서 한국어의 위상은 한국어의 학습 열풍과 함께 앞으로도 더욱 높아질 것으로 전망합니다.

국민대학교는 2002년 3월부터 외국인을 위한 한국어 교육을 시작하였으며, 2019년 12월 기준으로 세계 50여 개국 언어 문화권의 학습자들이 한국어 능력을 기르고 있습니다. 이렇게 날로 증가하는 외국인 학습자들의 다변화된 요구를 반영하려는 노력의 일환으로 2012년부터 '국민 한국어'의 개발이 시작되었고, 이제 '국민 한국어 4'를 펴내게 되었습니다.

'국민 한국어 4'에서는 그간 국민대학교 한국어교육센터가 축적해 온 교육 내용, 교수법 및 교육 자료의 연구·개발 성과가 새롭고 합리적인 방식으로 담겨 있습니다. 이 교재는 다음과 같은 특성을 지닙니다.

첫째, 학습자가 접할 수 있는 실제적인 상황과 주제를 선정하였고, 외국어 습득에 중요한 시각 자료를 제공하여 학습자들의 인지 능력에 기반한 효과적인 학습이 이루어지도록 구성하였습니다.

둘째, 학습자의 말하기 능력을 중심으로, 읽기, 듣기, 쓰기 능력을 균형 있게 향상할 수 있도록 하였으며, 흥미로운 활동 중심의 문법과 어휘, 표현을 사회적 영역에서 구현할 수 있도록 내용을 구성하였습니다.

셋째, 실제 수업을 하는 방법과 순서에 따라 단원을 구성함으로써 교수자와 학습자가 쉽게 교수·학습할 수 있도록 학습의 편의성을 도모하였습니다.

'국민 한국어 4'를 출간하면서 감사해야 할 분들이 참으로 많습니다. 우선 이 교재가 탄생하는 데 적재적소에서 멋진 영감을 준 학습자들에 대한 고마움이 큽니다. 아이디어의 연구, 개발에 무한한 열정을 쏟아 주신 한국어교육센터의 노미연 선생님을 비롯한 교재연구개발팀 선생님들께 깊은 감사를 드립니다. 그리고 감수를 맡아 주신 여러 교수님들, 삽화를 맡아 주신 오정민 작가님과 편집을 멋있게 해 주신 국민대학교 출판부와 상지피앤아이, 교정과 교열을 해 주신 박근영 교수님과 여윤희 선생님, mp3 음원 제작에 도움을 주신 예성미디어 관계자 여러분들께도 감사드립니다. 교재 개발의 시작부터 마지막까지 함께해 주신 한국어교육센터의 행정팀에 감사를 드립니다. 그리고 깊은 관심으로 아낌없는 지원을 해 주신 국민대학교 임홍재 총장님께 깊은 감사의 인사를 올립니다.

앞으로 '국민 한국어 4'를 통해 더 많은 학습자들이 한국어 능력을 높이고, 많은 한국어 교육자들의 관심을 불러일으켜 더욱 효과적으로 한국어를 가르칠 수 있기를 바랍니다. 아울러 이 교재가 한국어 교육 발전사에 의미 있는 기여를 하게 되기를 기원합니다.

2019년 12월

국민대학교 국제교육원장 이동은

교재 구성과 사용법

국민 한국어 4-1은 한국어를 600시간 정도 배운 중급 학습자를 위한 교재로 개인적 주제는 물론 사회, 문화, 경제, 과학 등의 친숙한 사회적·추상적 주제에 대한 의사소통 능력을 향상시키는 데 그 목적이 있다. 본 교재를 통해 학습자들이 구어와 문어, 공식적인 상황과 비공식적인 상황, 공적인 상황과 사적인 상황 등의 사용역에 따라 적절한 의사소통을 수행할 수 있도록 하고, 담화의 특징과 기능, 장르에 따른 차이를 알 수 있도록 하였다.

본 교재는 다음과 같은 특징이 있다.

- 난이도와 사용 빈도를 기반으로 4급 학습자들에게 적절한 수준의 주제와 어휘·표현, 문법을 선정하였다.
- 표현 영역과 이해 영역의 특징에 맞는 다양한 연습과 활동을 제공하여 말하기, 쓰기, 듣기, 읽기 능력을 전반적으로 키울 수 있도록 하였다.
- 실제 교사들이 수업을 진행하는 순서로 단원을 구성하여, 교수자와 학습자가 쉽게 교수·학습할 수 있도록 하였다.
- 학습자들이 흥미를 가질 수 있도록 다양한 시각적 자료를 제공하여 교재를 구성하였다.
- 한 급을 200시간 학습하는 기관에서 2일(8시간)에 한 단원을 공부할 수 있도록 구성하였다.
- 두 단원을 학습한 후 쓰기 과제를 제시하여 체계적으로 쓰기 능력을 향상할 수 있도록 하였다.

	1일차	2일차	3일차	4일차	5일차
1교시	주제 도입, 어휘·표현	듣고 말하기	주제 도입, 어휘·표현	듣고 말하기	쓰기
2교시	문법 1	문법 3, 4	문법 1	문법 3, 4	
3교시	문법 2	읽고 말하기	문법 2	읽고 쓰기	
	말하기		말하기		
4교시	말하기 활동		말하기 활동		

01 단원 구성

01
꿈과 미래
천리 길도 한 걸음부터

· **주제**

해당 단원의 첫 부분에 학습자가 배울 내용을 인지할 수 있도록 주제를 제시하였다.

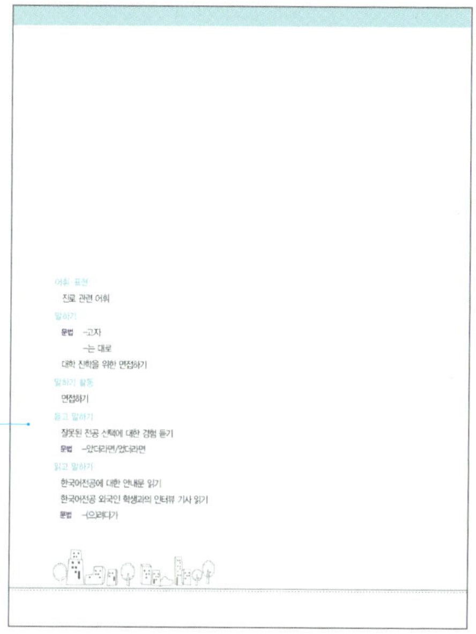
어휘·표현
진로 관련 어휘
말하기
문법 -고자
-는 대로
대학 진학을 위한 면접하기
말하기 활동
면접하기
듣고 말하기
잘못된 전공 선택에 대한 경험 듣기
문법 -았더라면/었더라면
읽고 말하기
한국어전공에 대한 안내문 읽기
한국어전공 외국인 학생과의 인터뷰 기사 읽기
문법 -(으)려다가

· **학습 목표**

해당 단원에서 학습하게 될 어휘·표현, 문법, 기능, 말하기, 말하기 활동, 듣기와 읽기 내용과 장르 등을 정리하여 제시하였다.

02 준비

01과 꿈과 미래
준비
여러분의 꿈은 무엇입니까? 왜 그 꿈을 갖게 되었습니까?
꿈을 이루기 위해서 어떻게 노력하고 있습니까?
21

· **준비**

해당 단원에서 다룰 주제에 대한 도입의 기능을 하도록 구성하였다.

· **사진**

준비 단계에서 사진을 통해 주제에 대한 관심을 이끌어 내도록 하였다.

· **질문**

주제에 대한 질문을 통해 학습자의 배경지식을 활성화하고, 주제에 대한 경험이나 생각을 이야기할 수 있도록 하였다.

03 어휘·표현

- **어휘·표현**
  어휘·표현 단계에서는 이해를 돕기 위한 그림과 삽화를 제시하고 연습을 통해 주요 어휘와 표현을 활용하도록 하였다.

- **연습**
  연습 단계에서는 주제와 관련된 다양한 질문을 통해 목표 어휘·표현을 활용하여 의사소통 능력이 향상되도록 하였다.

04 문법 1, 문법 2

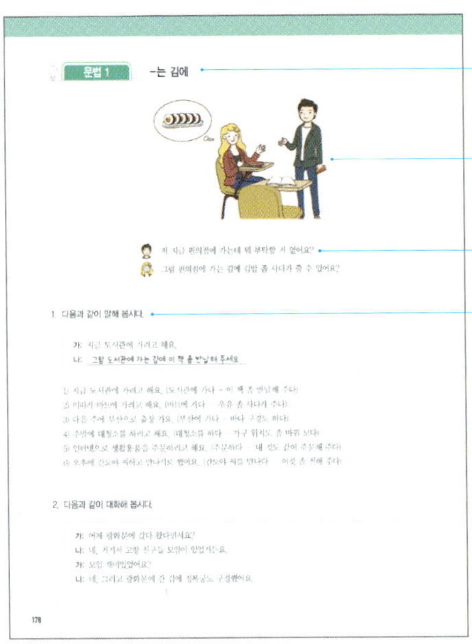

- **문법**
  문법 단계에서는 의사소통에 필요한 기능을 수행할 수 있는 문법을 제시하였다.

- **상황 삽화**
  목표 문법의 의미가 잘 드러나는 담화 상황을 삽화로 제시하여 교사가 문법을 도입할 때 활용할 수 있도록 하였다.

- **기본 대화**
  목표 문법의 의미를 쉽게 이해할 수 있도록 담화 상황을 대화로 제시하였다.

- **연습 1**
  목표 문법을 이용하여 간단하게 묻고 대답할 수 있는 통제된 연습으로 구성하였다.

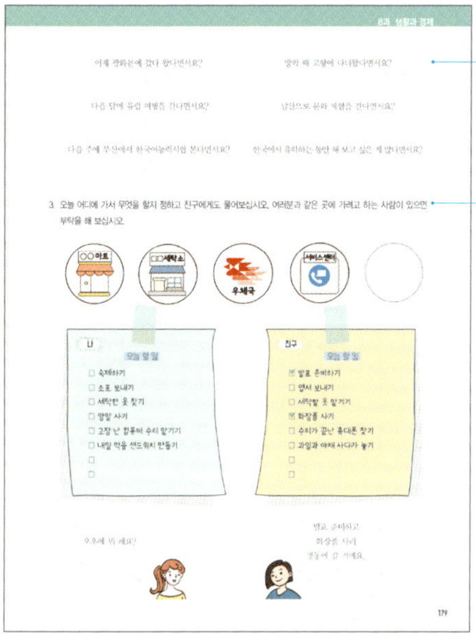

- **연습 2**

  목표 문법의 기능에 초점을 맞추어 확장된 담화를 구성할 수 있도록 하였다.

- **연습 3**

  목표 문법을 실제 담화 속에서 활용함으로써 유의미한 의사소통이 이루어지도록 구성하였다.

05 말하기

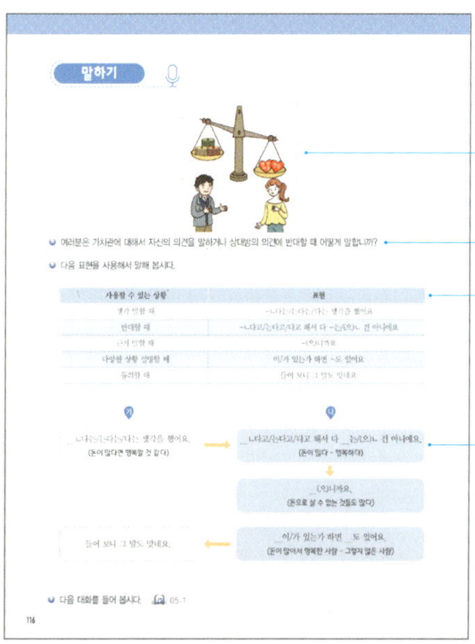

- **상황 삽화**

  대화 상황을 삽화로 제시하여 대화를 도입하고 이해하는 데 활용할 수 있도록 하였다.

- **도입 질문**

  질문을 통해 해당 단원에서 학습할 대화의 주요 내용과 기능을 알도록 하였다.

- **다음 표현을 사용해서 말해 봅시다**
- **대화 구조 제시**

  해당 단원의 대화 구조에서 사용할 수 있는 상황과 표현을 제시하였다.

- **대화 구조 연습**

  대화 구조에서 제시한 상황과 표현을 활용하여 대화를 구성해 볼 수 있도록 하였다.

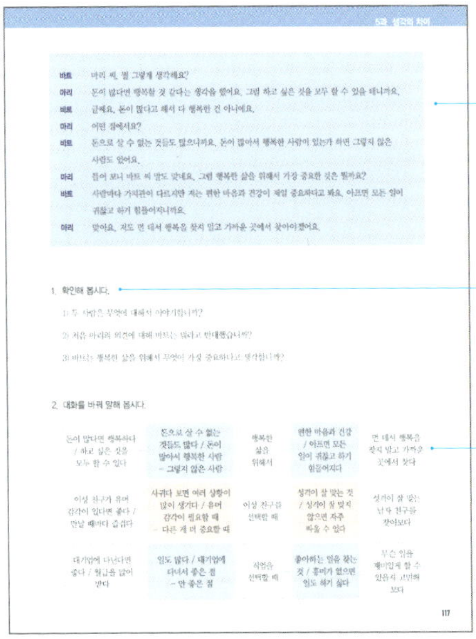

• **다음 대화를 들어 봅시다**

해당 단원의 대화를 듣고 이해할 수 있도록 하였다.

• **확인해 봅시다**

대화를 들은 후 내용 이해를 확인하는 질문을 제시하였다.

• **대화를 바꿔 말해 봅시다**

주어진 단어와 표현을 이용하여 대화를 확장할 수 있도록 하였다.

06 말하기 활동

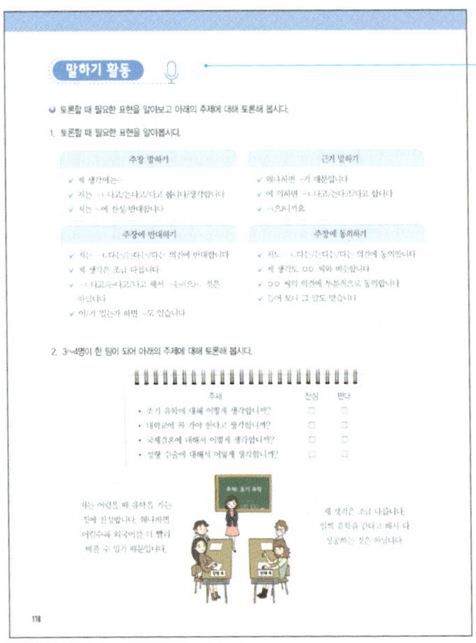

• **활동**

해당 단원에서 다룬 주제와 언어적 기능 수행을 위한 다양한 과제 활동을 제시하여 의사소통 능력을 키울 수 있도록 구성하였다.

07 듣고 말하기

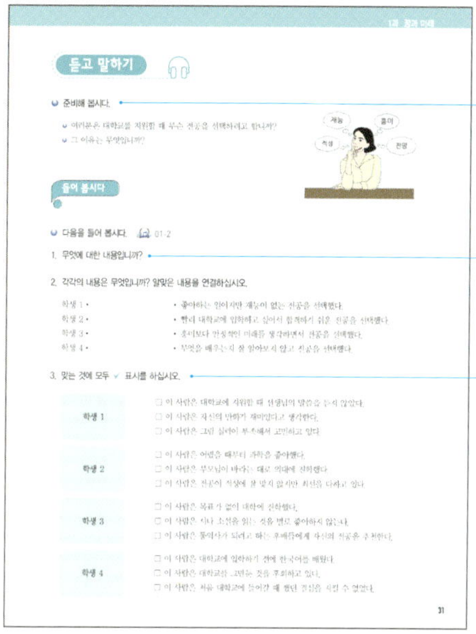
듣고 말하기

준비해 봅시다.

들어 봅시다

다음을 들어 봅시다. 01-2

1. 무엇에 대한 내용입니까?

2. 각각의 내용은 무엇입니까? 알맞은 내용을 연결하십시오.

3. 맞는 것에 모두 ✓ 표시를 하십시오.

학생 1

학생 2

학생 3

학생 4

31

- **준비해 봅시다**

  듣기 전 단계로 도입 질문을 통해 듣기 내용과 관련된 학습자의 배경지식을 활성화할 수 있도록 하였다. 그리고 필요에 따라 듣기 이해에 도움이 되는 사진이나 삽화도 함께 제시하였다.

- **들어 봅시다**
- 무엇에 대한 내용입니까?

  들은 내용을 전반적으로 이해했는지 확인할 수 있도록 하였다.

- 맞는 것에 모두 ✓ 표시를 하십시오

  세부적인 내용의 이해를 확인할 수 있도록 하였다.

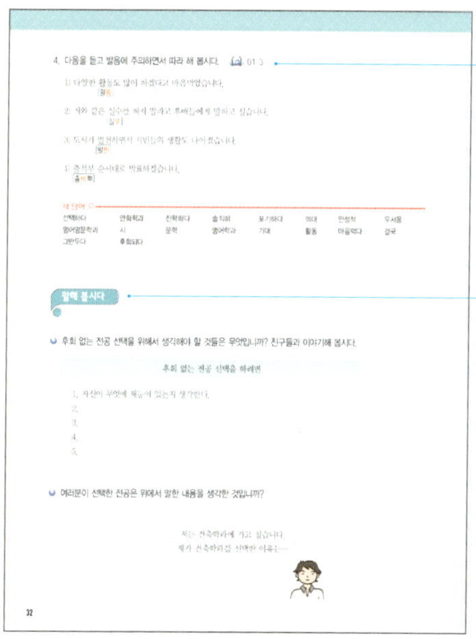
4. 다음을 듣고 발음에 주의하면서 따라 해 봅시다. 01-3

말해 봅시다

후회 없는 전공 선택을 위해서 생각해야 할 것들은 무엇입니까? 친구들과 이야기해 봅시다.

후회 없는 전공 선택을 하려면

여러분이 선택한 전공은 위에서 말한 내용을 생각한 것입니까?

32

- 다음을 듣고 발음에 주의하면서 따라 해 봅시다

  주요 발음을 연습하도록 하였다. 필요에 따라 발음 대신에 억양, 끊어 읽기를 제시하였다.

- **말해 봅시다**

  듣기 후 단계로 학습자가 앞에서 들은 내용과 관련된 주제에 대해 말할 수 있도록 구성하였다.

08 문법 3, 문법 4

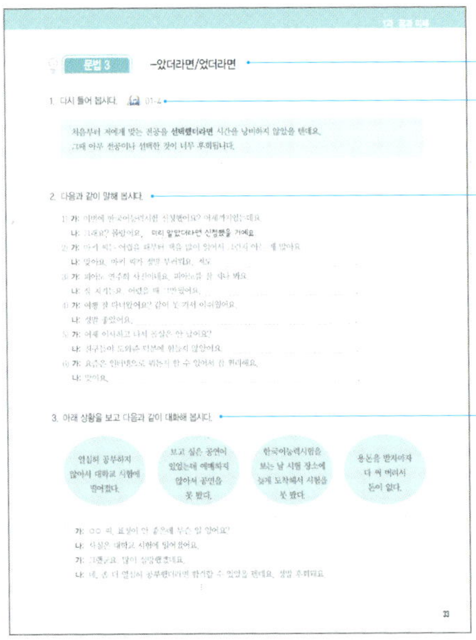
문법 3 -았더라면/었더라면

1. 다시 들어 봅시다.

2. 다음과 같이 말해 봅시다.

3. 아래 상황을 보고 다음과 같이 대화해 봅시다.

- **문법**
  듣기와 읽기의 문법을 제시하고 연습할 수 있도록 하였다.

- **다시 들어 봅시다/다음 문장을 읽어 봅시다**
  듣기와 읽기의 목표 문법이 제시된 문장을 다시 듣거나 읽으면서 맥락을 통해 문법의 의미와 기능을 이해하도록 하였다.

- **다음과 같이 말해 봅시다**
  목표 문법을 활용하여 통제된 연습을 할 수 있도록 구성하였다.

- **아래 상황을 보고 다음과 같이 대화해 봅시다**
  간단한 상황이나 주제를 제시하여 목표 문법을 실제 담화 상황에서 활용할 수 있도록 하였다.

09 읽고 말하기/쓰기

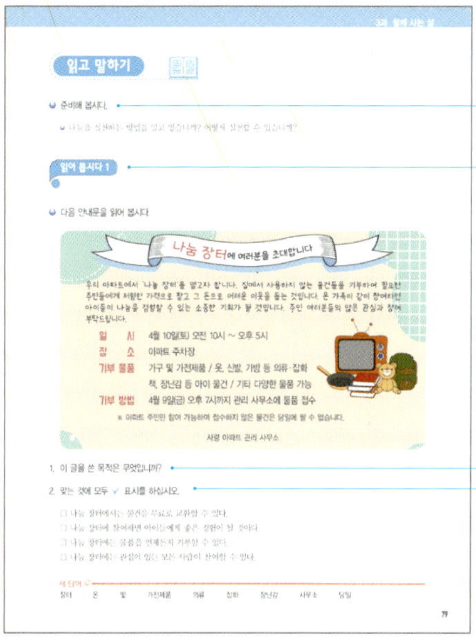

읽고 말하기

준비해 봅시다.

읽어 봅시다 1

다음 안내문을 읽어 봅시다.

나눔 장터에 여러분을 초대합니다

일 시 4월 10일(토) 오전 10시 ~ 오후 5시

장 소 아파트 주차장

기부 물품 가구 및 가전제품 / 옷, 신발, 가방 등 의류·잡화 책, 장난감 등 아이 물건 / 기타 다양한 물품 가능

기부 방법 4월 9일(금) 오후 7시까지 관리 사무소에 물품 접수

1. 이 글을 쓴 목적은 무엇입니까?

2. 맞는 것에 모두 ✓ 표시를 하십시오.

- **준비해 봅시다**
  읽기 전 단계로 도입 질문을 통해 읽기 내용과 관련된 학습자의 배경지식을 활성화할 수 있도록 하였다. 그리고 필요에 따라 읽기 이해에 도움이 되는 사진이나 삽화도 함께 제시하였다.

- **읽어 봅시다**
  실생활에서 접할 수 있는 읽기 텍스트뿐만 아니라 친숙한 사회적·추상적 주제의 읽기 텍스트를 제시하였다.

- 이 글을 쓴 목적은 무엇입니까?
  읽은 내용을 전반적으로 이해했는지 확인할 수 있도록 하였다.

- 맞는 것에 모두 ✓ 표시를 하십시오
  세부적인 내용의 이해를 확인할 수 있도록 하였다.

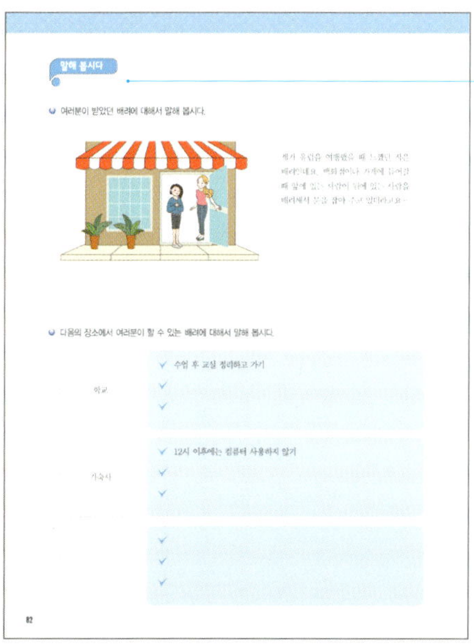

말해 봅시다

여러분이 받았던 배려에 대해서 말해 봅시다.

다음의 장소에서 여러분이 할 수 있는 배려에 대해서 말해 봅시다.

- **말해 봅시다**
  읽기 후 단계로 학습자가 앞에서 읽은 내용과 관련된 주제에 대해 말하기 활동을 할 수 있도록 구성하였다.

10 쓰기

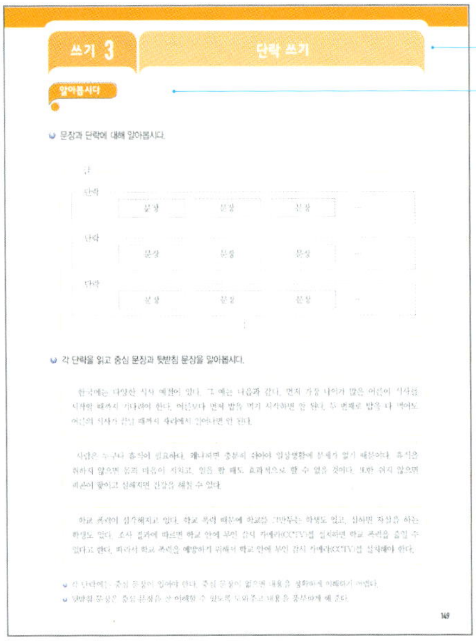
쓰기 3 단락 쓰기

알아봅시다

문장과 단락에 대해 알아봅시다.

- **쓰기**

두 단원을 마칠 때마다 '쓰기' 단계를 삽입하였다. '알아봅시다', '연습해 봅시다', '써 봅시다'의 단계를 거쳐 글을 완성하도록 구성하였다.

- **알아봅시다**

짧은 읽기 텍스트를 활용하여 글을 구성하고 쓰는 방법에 대해 쉽게 알 수 있도록 하였다.

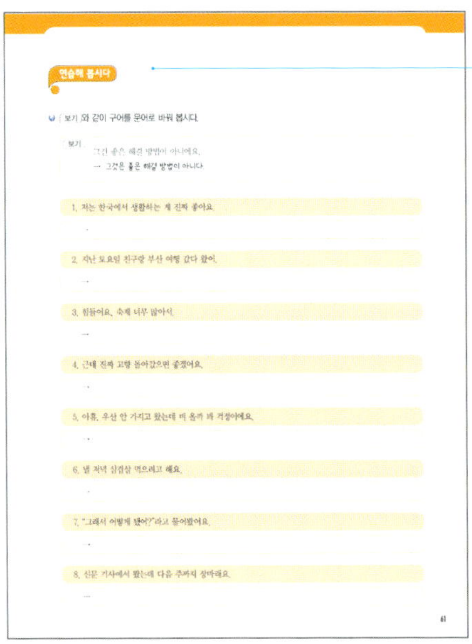
연습해 봅시다

- **연습해 봅시다**

배운 내용을 바탕으로 학생들이 글을 쓰는 연습을 할 수 있도록 하였다.

목차

국민 한국어 4-1 교재 구성

과	어휘·표현	말하기			듣고
		대화	활동	문법 1, 2	듣기
1과 꿈과 미래	진로 관련 어휘	대학 진학을 위한 면접하기	면접하기	–고자 –는 대로	잘못된 전공 선택에 대한 경험 듣기
2과 대인 관계	대인 관계 관련 어휘	칭찬하고 격려하기	동창회에서 안부 묻기	–더니[1] (이)며 (이)며	적절한 위로 방법에 대한 전문가 의견 듣기 좋은 칭찬과 나쁜 칭찬에 대한 대화 듣기
쓰기 1	구어와 문어				
3과 함께 사는 삶	나누는 삶에 관한 어휘, –스럽다	봉사 활동 경험 말하기	봉사 활동 계획 발표하기	–다 보니 –아/어 가면서	기부 관련 뉴스 듣기 봉사와 기부로 유명한 배우와의 인터뷰 듣기
4과 일상의 문제	불만과 보상 관련 어휘	호텔에서 불만 사항 말하기	서비스 상황에서 불만 사항 말하기	–ㄴ다고/는다고/다고 했잖아요 –는/(으)ㄴ 데다가	비행기 출발 지연에 대한 안내 방송 듣기 비행기 결항으로 인한 불만과 보상에 대한 대화 듣기
쓰기 2	바른 문장 쓰기				
5과 생각의 차이	토론 관련 어휘, –(으)ㅁ	가치관 말하기	토론하기	–ㄴ다고/는다고/다고 해서 –는/(으)ㄴ 것은 아니다 –는가/(으)ㄴ가 하면	거짓말에 대한 대화 듣기 착한 거짓말에 대한 토론 듣기
6과 여행과 휴식	여행과 휴식 관련 어휘	여행지 소개하기	여행 상품 만들어서 광고하기	–(으)ㄹ 겸 –던가요?	여행 일정에 대한 안내 듣기 여행 제안에 대한 대화 듣기
쓰기 3	단락 쓰기				
7과 한국의 역사와 상징	역사 관련 어휘, 국가 상징 어휘	한국 화폐의 인물 소개하기	여러 나라 화폐의 인물 소개하기	얼마나 –는지/(으)ㄴ지 모르다 –(으)ㄹ 정도로	무궁화에 대한 강의 듣기 태극기에 대한 대화 듣기
8과 생활과 경제	경제생활 관련 어휘, –비	소비 생활에 대해 조언하기	소비 생활의 문제에 대해 조언받기	–는 김에 –(으)ㄹ지도 모르다	편의점의 판매 전략에 대한 강의 듣기
쓰기 4	설명하는 글 쓰기 1				

말하기		읽고 말하기/쓰기			발음
말하기	문법 3	읽기	말하기/쓰기	문법 4	
후회 없는 전공 선택에 대한 의견 말하기	-았더라면/었더라면	한국어 전공에 대한 안내문 읽기 한국어 전공 외국인 학생과의 인터뷰 기사 읽기	대학 생활에 대해 인터뷰하기	-(으)려다가	경음화[1]
상황에 알맞게 칭찬하기	-느니 차라리	교수님께 메일 보내는 방법에 대한 인터넷 게시 글 읽기 교수님께 보내는 이메일 읽기	교수님께 이메일 쓰기	-기에는	'ㄷ, ㄸ, ㅌ' 발음
나눔을 실천하는 사람들 소개하기	-자	나눔 장터 안내문 읽기 배려에 대한 에피소드 읽기	배려할 수 있는 상황에 대해 말하기	만 하다	'-더라고요' 억양
불편을 겪은 상황에 대한 경험 말하기	-았어야/었어야 했는데	교내 불편 사항에 대한 건의문 읽기	교내 불편 사항에 대한 건의문 쓰기	-고 해서	경음화[2]
착한 거짓말에 대한 의견 말하기	대로	사고방식 차이에 대한 설명문 읽기 틀림과 다름에 대한 서술의 글 읽기	다른 의견을 인정하면서 토론하기	-기 마련이다	/ㄴ/ 첨가
몸과 마음을 치유하는 방법에 대해 소개하기	-아다가/어다가	템플 스테이 기행문 읽기	기행문 쓰기	-듯이	끊어 읽기[1]
국기와 국화 소개하기	치고	조선 시대 한양의 모습에 대한 설명문 읽기 현대 서울의 모습에 대한 설명문 읽기	고향의 과거와 현재를 비교하여 말하기	-는 데	끊어 읽기[2]
판매 전략에 대해 설명하기	-거든	지출 내역에 대한 설명문 읽기 1 지출 내역에 대한 설명문 읽기 2	조사 결과를 보고 설명문 쓰기	-는/(으)ㄴ 반면에	'-거든' 억양

국민 한국어 4-1 등장인물

장핑
(중국)

마리
(프랑스)

투안
(베트남)

압둘라
(사우디아라비아)

간토야
(몽골)

바트
(몽골)

투이
(베트남)

제프리
(미국)

김윤아
(한국)

마키
(일본)

장설
(중국)

이리나
(러시아)

알렉세이
(러시아)

01

꿈과 미래

천 리 길도 한 걸음부터

어휘·표현

진로 관련 어휘

말하기

문법 –고자

–는 대로

대학 진학을 위한 면접하기

말하기 활동

면접하기

듣고 말하기

잘못된 전공 선택에 대한 경험 듣기

문법 –았더라면/었더라면

읽고 말하기

한국어 전공에 대한 안내문 읽기

한국어 전공 외국인 학생과의 인터뷰 기사 읽기

문법 –(으)려다가

01과 꿈과 미래

준비

- 여러분의 꿈은 무엇입니까? 왜 그 꿈을 갖게 되었습니까?

- 꿈을 이루기 위해서 어떻게 노력하고 있습니까?

어휘 · 표현

1. 직업과 관련된 어휘를 알아봅시다.

직업

- –가: 사업가, 번역가, 건축가, 만화가
- –자: 기자, 과학자
- –사: 변호사, 통역사
- –원: 공무원, 회사원
- –관: 경찰관, 외교관
- 기타: 디자이너, 프로그래머

● 여러분은 어떤 직업을 갖고 싶습니까? 그렇게 되기 위해 필요한 것이 무엇인지 이야기해 봅시다.

2. 진로를 결정할 때 생각해야 할 어휘를 알아봅시다.

진로

- 흥미
- 적성
- 관심 분야
- 재능
- 전망

그 일을 아주 좋아해서 일할 때 재미있고 즐겁다.	성격이 그 일에 잘 맞는다.	미래에도 꾸준히 일자리가 많아질 것이다.
( )을/를 느끼다	( )에 맞다	( )이/가 밝다

그 일을 잘할 수 있는 능력이 있다.	어떤 일에 관심이 있는지 알아본다.
( )이/가 있다	( )을/를 찾다

- 여러분은 진로를 결정할 때 무엇이 가장 중요하다고 생각합니까?
- 왜 그렇습니까?

3. 더 나은 미래를 위한 노력에는 어떤 것들이 있는지 알아봅시다.

미래를 위한 계획을 세우다	시간을 잘 관리하다	하는 일에 최선을 다하다
다양한 경험을 쌓다	새로운 일에 도전하다	힘든 일을 극복하다

- 여러분은 미래를 위해 어떤 노력을 하고 있습니까?

문법 1 -고자

왜 우리 회사에 지원하셨습니까?

제 꿈을 이루고자 이 회사에 지원하게 되었습니다.

1. 다음과 같이 말해 봅시다.

가: 이 책을 쓰시게 된 동기는 무엇입니까?
나: 한국 문화를 세계에 알리고자 이 책을 쓰게 되었습니다.

1) 이 책을 쓰시게 된 동기는 무엇입니까? (한국 문화를 세계에 알리다)
2) 어떻게 이번 사진전을 열게 되셨습니까? (동물 문제에 대해 함께 고민하다)
3) 왜 학생들을 더 모집하게 되었습니까? (더 많은 학생들에게 기회를 주다)
4) 그동안 모은 돈을 장학금으로 내신 이유는 무엇입니까? (어려운 학생들을 돕다)
5) 건강을 지키기 위해서 어떻게 노력하고 계십니까? (항상 즐겁게 살려고 하다)
6) 무엇에 대해서 발표를 하시겠습니까? (한국의 음식 문화에 대해서 발표를 하려고 하다)

2. 다음과 같이 인터뷰해 봅시다.

가: 안녕하십니까? 이번에 한국어교육센터에서 최우수상을 받으신 것을 축하드립니다.
나: 감사합니다.
가: 몇 가지 질문을 드리고자 합니다. 먼저 한국에 오신 목적은 무엇입니까?
나: 한국어도 배우고 다양한 경험도 쌓고자 한국에 왔습니다.

⋮

1) 이번 학기에 최우수상을 받은 학생

한국에 온 목적?	한국어도 배우고 다양한 경험도 쌓으려고 한국에 왔다.
공부를 잘하는 비결?	시간을 잘 관리하려고 계획을 세워서 공부한다.
특별히 신경 쓰는 것?	쓰기 실력을 높이려고 매일 한국어로 일기를 쓰고 있다.
올해 목표?	
꿈?	

2) 이번 달 동료들이 뽑은 최우수 사원

최우수 사원이 된 비결?	한번 목표를 세우면 그것을 이루려고 최선을 다한다.
또 다른 비결?	늘 즐겁게 일하려고 노력한다.
자신의 장점?	현재에 만족하지 않고 새로운 일에 도전하려고 한다.
여가 시간?	
건강해지기 위해 하는 것?	

3. 오늘 새로 만난 선생님과 친구들 앞에서 자기소개를 해 봅시다.

자기소개

- 인사
- 한국에 온 목적
- 미래 계획과 그 이유
- 사는 곳
- 취미
- 이번 학기 결심

문법 2 -는 대로

선생님, '공항' 발음이 너무 어려워요.

제가 하는 대로 따라 해 보세요.

1. 다음과 같이 말해 봅시다.

1) **가:** 제 꿈은 미래에 사업가로 성공하는 것입니다. (원하다)
   나: 원하는 대로 꼭 꿈을 이루시기를 바랍니다.

2) **가:** 한국어능력시험을 보려고 하는데 어떻게 신청해요? (홈페이지에 쓰여 있다)
   나: 별로 어렵지 않아요. ______________________ 신청하면 돼요.

3) **가:** 내일 시험을 못 볼까 봐 걱정돼요. (그동안 배웠다)
   나: 마음을 편하게 갖고 ______________________ 문제를 풀면 돼요.

4) **가:** 내일 발표를 해야 하는데 너무 떨려요. (준비했다)
   나: ______________________ 말하면 되니까 걱정하지 마세요.

5) **가:** 비행기가 12시에 도착한다고 했는데 그 시간에 도착하나요? (예정)
   나: 네, ______________________________________.

6) **가:** 말하기 시험 볼 때 순서는 어떻게 정하나요? (출석부 순서)
   나: ______________________________________.

2. 다음과 같이 대화해 봅시다.

가: 김치찌개가 정말 맛있네요. 어떻게 만들었어요?
나: 그냥 요리책에 나와 있는 대로 만들었어요.
가: 그래요? 저도 좀 가르쳐 주세요.
나: 먼저 김치와 돼지고기를 작게 잘라서 잘 볶으세요. 그다음에…
⋮

김치찌개가 정말 맛있네요.
어떻게 만들었어요?

춤 동아리에 들고 싶은데
제가 잘 배울 수 있을까요?

어서 오세요. 우리 집을 찾아오는 게
어렵지 않았어요?

제가 재미있다고 말한 그 영화 어땠어요?

내일이 면접시험인데
연습은 많이 했지만 긴장돼요.

한 달 전부터 계획한 여행 있잖아요.
그날 비가 와도 갈 거예요?

3. 친구가 시키는 대로 해 봅시다.

친구의 모국어를 따라 말하기

친구의 모국어를 따라 쓰기

친구의 설명을 듣고 똑같이 그리기

친구의 행동을 보고 따라 하기

말하기

- 여러분은 면접시험을 볼 때 어떻게 말합니까?
- 다음 표현을 사용해서 말해 봅시다.

사용할 수 있는 상황	표현
동기 말할 때	-는 대로 -게 되었습니다
지원 동기 물을 때	왜 ~에 지원하셨습니까?
지원 동기 말할 때	-아서/어서 ~에 지원하게 되었습니다
계획 물을 때	앞으로의 계획에 대해서 말씀해 주십시오
계획 말할 때	-고자 -겠습니다

가

__는 대로 __게 되었습니다.
(주위 분들이 조언해 주셨다 - 한국에 오다)

__아서/어서 __에 지원하게 되었습니다.
(집에 대한 관심이 많다 - 건축학과)

__고자 __겠습니다.
(건축가의 꿈을 이루다 - 열심히 노력하다)

나

왜 __에 지원하셨습니까?
(건축학과)

앞으로의 계획에 대해서 말씀해 주십시오.

- 다음 대화를 들어 봅시다. 01-1

면접관 안녕하세요?

장핑 안녕하십니까? 저는 장핑이라고 합니다.

면접관 네. 장핑 씨, 우선 간단하게 자기소개를 해 주십시오.

장핑 저는 한국에 온 지 1년쯤 되었고 현재 한국어교육센터에 다니고 있습니다. 중국에 있을 때 주위에서 한국 유학을 많이 권하셨습니다. 그래서 주위 분들이 조언해 주신 대로 한국에 오게 되었습니다.

면접관 왜 건축학과에 지원하셨습니까?

장핑 저는 집에 대한 관심이 많아서 건축학과에 지원하게 되었습니다. 어렸을 때부터 건축과 관련된 책을 많이 읽었고 자연스럽게 제 진로도 건축학과로 정하게 되었습니다.

면접관 앞으로의 계획에 대해서 말씀해 주십시오.

장핑 제 꿈은 유명한 건축가가 되는 것입니다. 제가 건축학과에 입학한다면 그 꿈을 이루고자 열심히 노력하겠습니다.

1. 확인해 봅시다.

1) 장핑은 어떻게 한국에 오게 되었습니까?

2) 장핑은 왜 건축학과에 지원했습니까?

3) 장핑의 꿈은 무엇입니까? 그 꿈을 위해서 어떻게 할 것입니까?

2. 대화를 바꿔 말해 봅시다.

건축학과	집에 대한 관심이 많다	어렸을 때부터 건축과 관련된 책을 많이 읽었다	유명한 건축가
경영학과	경영학과 교육 과정이 훌륭하다고 들었다	고등학교 졸업 후에 잠시 아버지가 사업하시는 걸 도왔다	성공한 사업가
컴퓨터공학과	컴퓨터에 대한 호기심이 많다	학창 시절 컴퓨터를 열어 보거나 컴퓨터가 고장 나면 고쳐 보았다	실력 있는 컴퓨터 프로그래머
법학과	부모님처럼 변호사가 되고 싶다	두 분이 열심히 일하시는 것을 오랫동안 봤다	훌륭한 변호사

말하기 활동

● 면접시험을 준비해 봅시다.

면접시험 때 주의해야 할 점

1) 머리를 잘 정리하고 옷도 깨끗하게 입는다.
   (화장을 너무 많이 하지 않는다.)
2) 면접 시간에 늦지 않는다.
3) 머리를 만지거나 다리를 떨지 않는다.
4) 면접관이 질문하는 내용에 대해서만 대답한다.
5) 끝까지 정확하게 말한다.
6) 면접관을 보면서 자신감 있게 말한다.

1. 면접관과 지원자가 되어 각각 아래와 같이 질문을 만들어 봅시다.

〈면접관〉

면접에서 물어볼 질문

1. 자기소개를 해 주십시오.
2. 왜 우리 ○○에 지원하셨습니까?
3.
4.
5.

〈지원자〉

면접 예상 질문

1. 왜 ○○에 지원하셨습니까?
2.
3.
4.
5. 앞으로의 계획은 무엇입니까?

2. 두 사람이 각각 면접관과 지원자가 되어 면접을 해 봅시다. 그리고 면접관은 아래의 내용에 따라 평가해 봅시다.

〈면접 평가 내용〉

평가 내용		평가 점수				
1	바른 자세로 시험을 봅니까?	5	4	3	2	1
2	자신감 있게 이야기합니까?	5	4	3	2	1
3	질문을 잘 이해하고 대답합니까?	5	4	3	2	1
4	일이나 공부를 잘할 수 있겠습니까?	5	4	3	2	1
5	사람들과 잘 어울리겠습니까?	5	4	3	2	1

듣고 말하기

● 준비해 봅시다.

- 여러분은 대학교를 지원할 때 무슨 전공을 선택하려고 합니까?
- 그 이유는 무엇입니까?

들어 봅시다

● 다음을 들어 봅시다. 01-2

1. 무엇에 대한 내용입니까?

2. 각각의 내용은 무엇입니까? 알맞은 내용을 연결하십시오.

학생 1 •	• 좋아하는 일이지만 재능이 없는 전공을 선택했다.
학생 2 •	• 빨리 대학교에 입학하고 싶어서 합격하기 쉬운 전공을 선택했다.
학생 3 •	• 흥미보다 안정적인 미래를 생각하면서 전공을 선택했다.
학생 4 •	• 무엇을 배우는지 잘 알아보지 않고 전공을 선택했다.

3. 맞는 것에 모두 ✓ 표시를 하십시오.

학생 1	□ 이 사람은 대학교에 지원할 때 선생님의 말씀을 듣지 않았다. □ 이 사람은 자신의 만화가 재미있다고 생각한다. □ 이 사람은 그림 실력이 부족해서 고민하고 있다.
학생 2	□ 이 사람은 어렸을 때부터 과학을 좋아했다. □ 이 사람은 부모님이 바라는 대로 의대에 진학했다. □ 이 사람은 전공이 적성에 잘 맞지 않지만 최선을 다하고 있다.
학생 3	□ 이 사람은 목표가 없이 대학에 진학했다. □ 이 사람은 시나 소설을 읽는 것을 별로 좋아하지 않는다. □ 이 사람은 통역사가 되려고 하는 후배들에게 자신의 전공을 추천한다.
학생 4	□ 이 사람은 대학교에 입학하기 전에 한국어를 배웠다. □ 이 사람은 대학교를 그만둔 것을 후회하고 있다. □ 이 사람은 처음 대학교에 들어갈 때 했던 결심을 지킬 수 없었다.

4. 다음을 듣고 발음에 주의하면서 따라 해 봅시다. 01-3

1) 다양한 활동도 많이 하겠다고 마음먹었습니다.
[활똥]

2) 저와 같은 실수를 하지 말라고 후배들에게 말하고 싶습니다.
[실쑤]

3) 도시가 발전하면서 시민들의 생활도 나아졌습니다.
[발쩐]

4) 출석부 순서대로 발표하겠습니다.
[출썩뿌]

새 단어

선택하다	만화학과	진학하다	솔직히	포기하다	의대	안정적	무서움
영어영문학과	시	문학	영어학과	기대	활동	마음먹다	결국
그만두다	후회되다						

말해 봅시다

● 후회 없는 전공 선택을 위해서 생각해야 할 것들은 무엇입니까? 친구들과 이야기해 봅시다.

후회 없는 전공 선택을 하려면

1. 자신이 무엇에 재능이 있는지 생각한다.
2.
3.
4.
5.

● 여러분이 선택한 전공은 위에서 말한 내용을 생각한 것입니까?

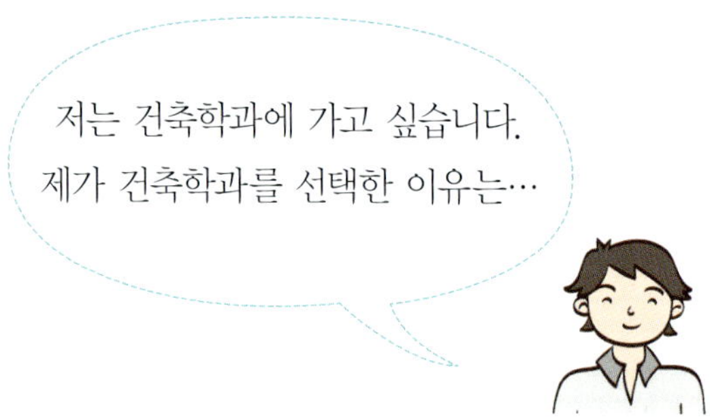

문법 3 -았더라면/었더라면

1. 다시 들어 봅시다. 01-4

처음부터 저에게 맞는 전공을 **선택했더라면** 시간을 낭비하지 않았을 텐데요. 그때 아무 전공이나 선택한 것이 너무 후회됩니다.

2. 다음과 같이 말해 봅시다.

1) **가:** 이번에 한국어능력시험 신청했어요? 어제까지였는데요.
   나: 그래요? 몰랐어요. 미리 알았더라면 신청했을 거예요.
2) **가:** 마키 씨는 어렸을 때부터 책을 많이 읽어서 그런지 아는 게 많아요.
   나: 맞아요. 마키 씨가 정말 부러워요. 저도 ______________________.
3) **가:** 피아노 연주회 사진이네요. 피아노를 잘 치나 봐요.
   나: 잘 치기는요. 어렸을 때 그만뒀어요. ______________________.
4) **가:** 여행 잘 다녀왔어요? 같이 못 가서 아쉬웠어요.
   나: 정말 좋았어요. ______________________.
5) **가:** 어제 이사하고 나서 몸살은 안 났어요?
   나: 친구들이 도와준 덕분에 힘들지 않았어요. ______________________.
6) **가:** 요즘은 인터넷으로 뭐든지 할 수 있어서 참 편리해요.
   나: 맞아요. ______________________.

3. 아래 상황을 보고 다음과 같이 대화해 봅시다.

- 열심히 공부하지 않아서 대학교 시험에 떨어졌다.
- 보고 싶은 공연이 있었는데 예매하지 않아서 공연을 못 봤다.
- 한국어능력시험을 보는 날 시험 장소에 늦게 도착해서 시험을 못 봤다.
- 용돈을 받자마자 다 써 버려서 돈이 없다.

가: ○○ 씨, 표정이 안 좋은데 무슨 일 있어요?
나: 사실은 대학교 시험에 떨어졌어요.
가: 그랬군요. 많이 실망했겠네요.
나: 네, 좀 더 열심히 공부했더라면 합격할 수 있었을 텐데요. 정말 후회돼요.
⋮

문법 4 -(으)려다가

1. 다음 문장을 읽어 봅시다.

그때 이 전공에 대해 알게 되었습니다. 그래서 영어영문학과에 **진학하려다가** 전공을 바꾸게 되었습니다.

2. 다음과 같이 말해 봅시다.

1) **가:** 왜 사무실에 안 갔어요? (가다)
   나: 쉬는 시간이 얼마 안 남아서 __가려다가__ 말았어요.
2) **가:** 주말에는 길이 많이 막히던데 일찍 도착하셨네요. (버스를 타다)
   나: 네, 그래서 ________________ 지하철을 타고 왔어요.
3) **가:** 졸업한 후에 뭐 할 계획이에요? (대학원에 진학하다)
   나: 그냥 취직하려고 해요. ________________ 마음을 바꿨어요.
4) **가:** 왜 어제 전화 안 했어요? 전화 기다렸는데…….
   나: ________________ 자고 있을 것 같아서 안 했어요.
5) **가:** 미안해요. 제가 좀 늦었지요? 왜 안 먹고 기다리고 있어요?
   나: 먼저 ________________. 빨리 앉으세요.
6) **가:** 이 많은 음식을 직접 만드셨어요?
   나: 아니에요. ________________.

3. 아래 상황을 보고 다음과 같이 대화해 봅시다.

처음 세웠던 계획	바뀐 계획	계획을 바꾼 이유
올해 대학교에 지원하다	내년에 지원하다	한국어 실력이 부족하다
이사를 하다	계속 살다	집을 구하러 다녔는데 더 나은 집이 없다
어머니 생신 때 선물을 드리다	현금을 드리다	어머니가 뭘 좋아하실지 모르다
주말에 부산에 가다		

가: ○○ 씨, 올해 대학교에 지원할 거지요?
나: 아니요, 올해 지원하려다가 내년에 지원하기로 했어요.
가: 그래요? 왜 계획을 바꿨어요?
나: 한국어 실력이 부족한 것 같아서 좀 더 한국어 실력을 쌓은 다음에 지원하기로 했어요.
⋮

읽고 말하기

● 준비해 봅시다.

- 여러분은 지원하려는 전공에 대해서 잘 알고 있습니까?
- 지원하고자 하는 전공에 대해 알아보는 방법에는 어떤 것들이 있습니까?

읽어 봅시다 1

● 다음 안내문을 읽어 봅시다.

한국어 전공

교육 목표

- 한국어 능력을 기른다.
- 한국어를 가르칠 수 있는 능력을 기른다.

교육 과정

- 한국어, 한국 문학, 한국 문화에 대한 수업
- 한국어 교육에 대한 수업

전공 특징

- 한국어 교사 2급 자격증을 받을 수 있음.
- 해외 대학교와 활발하게 교류함.
- 다양한 직업으로 취직할 수 있음.

졸업 후 진로

- 한국어 교사
- 한국어 교육 분야의 교수
- 국제 관계 공무원
- 한국 회사나 해외 무역 회사의 직원
- 한국어 번역가, 통역사
- 기자

1. 이 글을 쓴 목적은 무엇입니까?

2. 이 글을 읽고 알 수 있는 것에 모두 ✓ 표시를 하십시오.

□ 전공 교수 소개	□ 이 전공의 특별한 점
□ 이 전공에서 배우는 내용	□ 졸업 후 할 수 있는 일
□ 졸업 후 취직한 학생 수	□ 한국어 교사 2급 자격증 신청 방법

3. 이 전공에 대한 설명으로 맞는 것에 모두 ✓ 표시를 하십시오.

□ 한국어뿐만 아니라 한국어를 가르치는 방법도 잘 배울 수 있다.
□ 한국 시나 소설에 대한 수업도 있다.

새 단어

교사　자격증　교류하다　교수　국제　무역

읽어 봅시다 2

● 다음 잡지 기사를 읽어 봅시다.

한국어에 대한 꿈과 노력! 한국어 전공

지금 세계는 다양한 분야에서 활발하게 교류하고 있다. 이러한 국제화 시대에 맞추어 한국어 전공에 대한 학생들의 관심도 점점 높아지게 되었다. 특히 이 전공에 대해 궁금해하는 외국인 유학생들에게 정보를 주고자 이곳에 재학 중인 두 명의 외국인 학생을 만나 보았다. 인터뷰의 주인공은 임부림(중국, 여, 3학년), 제레미아 아반토(필리핀, 남, 2학년)이다.

이름: 임부림(한국어 전공 3학년)
장래 희망: 한국어 교사
좋아하는 말: 항상 최선을 다하자!

이름: 제레미아 아반토(한국어 전공 2학년)
장래 희망: 통역사
좋아하는 말: 피할 수 없으면 즐기자!

안녕하세요? 만나서 반갑습니다. 인터뷰를 허락해 주셔서 감사합니다.

반갑습니다.

다양한 전공 중에서 어떻게 이 전공을 선택하게 되었습니까?

처음에는 영어영문학과에 진학할 계획이었습니다. 그런데 한국어를 배울수록 한국어와 한국 문화에 대해 흥미가 생겼어요. 그때 이 전공에 대해 알게 되었습니다. 그래서 영어영문학과에 진학하려다가 전공을 바꾸게 되었습니다.

저는 유학을 올 때부터 한국어 교사가 되고 싶었기 때문에 전공을 선택할 때 별로 고민하지 않았어요.

한국어 전공에서는 주로 무엇을 배우나요?

생각보다 다양한데 우선 한국어, 한국 문화, 한국 문학 등 한국에 대한 수업이 제일 많고요. 그 밖에 여러 나라의 문화에 대한 수업도 있고 외국어 교육에 대한 수업도 있어요.

외국인 학생은 얼마나 되나요?

수업마다 좀 다른데 다른 전공보다 외국인 학생의 비율이 높은 것 같아요. 수업을 듣는 학생의 90%가 외국인인 경우도 있거든요.

그렇군요. 특별히 외국인이어서 힘든 점이 있나요? 있다면 어떻게 극복하고 있습니까?

유학생이면 누구든지 비슷할 것 같은데 한국어로 수업을 듣는 게 제일 힘들어요. 대학교 교수님들은 한국어교육센터 선생님들과 달리 말이 아주 빠르시거든요. 수업을 따라가기 위해서는 예습과 복습을 꼭 해야 해요. 밤을 새우면서 공부할 때도 많아요.

저는 같은 나라 친구가 없어서 외로울 때가 많은데요. 그래서 유학생들을 위한 프로그램이나 동아리에 많이 참여하는 편입니다.

현재 전공을 고민 중인 학생들이 많을 텐데 어떤 학생들에게 이 전공을 추천해 주고 싶습니까?

글쎄요. 한국과 한국어를 사랑하는 사람? (웃음)

졸업 후에 한국과 관련된 일을 하고자 하는 사람이나 한국어 교사가 되고 싶어 하는 사람에게 추천하고 싶습니다.

외국인 학생이 한국어 교사 자격증을 받으려면 한국어능력시험에서 6급을 받아야 한다면서요? 이 시험에 관심 있는 후배들이 많은데 어떻게 시험을 준비하고 있는지 좀 알려 주세요.

한국어능력시험과 관련된 책을 보거나 시험에 나왔던 문제를 풀고 있어요. 인터넷 강의도 듣고 있고요. 요즘은 책을 사면 무료로 인터넷 강의를 들을 수 있는 경우도 많거든요. 저는 열심히 노력하면 좋은 결과를 얻을 수 있다고 생각합니다.

두 분 모두 미래를 위해 열심히 공부하고 계시는데요. 졸업 후 계획은 어떻게 됩니까?

저는 아까 말씀드린 대로 한국어 교사가 꿈입니다.

저는 통역사가 돼서 한국과 필리핀의 관계 발전에 도움이 되는 일을 하고 싶습니다.

꿈이 멋있네요. 두 분 모두 꼭 꿈을 이룰 수 있을 거라고 생각합니다. 그럼 이제 질문을 좀 바꿔서 대학 진학에 대해 물어보겠습니다. 외국인 학생들이 대학 입학 서류를 준비할 때 특별히 신경 써야 할 점은 무엇입니까?

대학마다 내야 하는 서류들이 조금 다른데 그걸 잘 확인해야 하고요. 자기소개서를 쓸 때는 자신이 직접 작성하는 것이 중요합니다.

대학에 들어온 후에 달라진 것이 있다면 말씀해 주세요.

대학 생활은 한국어교육센터를 다닐 때보다 훨씬 자유로워요. 그런데 스스로 시간을 잘 관리해야 합니다. 그게 좀 힘들어요.

대학에서는 관심 분야에 대해 깊이 공부할 수 있습니다. 그래서 저는 대학 수업을 들으면서 한국에 대해 더 많이 이해하게 되었어요.

마지막으로 꿈을 위해 한국어교육센터에서 공부하고 있는 후배들에게 한 말씀 해 주세요.

저는 한국어교육센터에서 4급까지 공부했는데 그때 배운 것이 대학에 와서 정말 큰 도움이 됐어요. 지금의 노력이 여러분의 미래에 큰 힘이 될 것입니다. 노력하면 못 할 일이 없으니까 항상 최선을 다하세요.

피할 수 없으면 즐기라고 했습니다. 지금 유학 생활이 힘들겠지만 미래를 꿈꾸면서 즐겁게 지냈으면 좋겠습니다.

두 분 말씀 잘 들었습니다. 한국에서 대학 진학을 계획하고 있는 후배들에게 많은 도움이 될 것 같네요. 오늘 인터뷰 감사합니다.

1. 이 글을 쓴 목적은 무엇입니까?

2. 이 글을 읽고 알 수 있는 것에 모두 ✓ 표시를 하십시오.

- ☐ 두 사람의 성격과 취미
- ☐ 두 사람의 졸업 후 계획
- ☐ 두 사람이 이 전공을 선택한 이유
- ☐ 두 사람이 후배들에게 해 주고 싶은 말
- ☐ 외국인이어서 힘든 점
- ☐ 외국인이어서 도움이 되는 점
- ☐ 대학 면접시험 준비 방법
- ☐ 대학 입학을 준비할 때 신경 써야 할 점

3. 맞는 것에 모두 ✓ 표시를 하십시오.

- ☐ 제레미아 아반토 학생은 한국에 올 때부터 이 전공에 지원할 계획이었다.
- ☐ 다른 전공에 비해서 이 전공에는 외국인 학생들이 많은 편이다.
- ☐ 임부림 학생은 입학 전에 한국어를 배워서 한국어로 수업을 듣는 게 힘들지 않다.
- ☐ 외국인 학생은 한국어능력시험에서 6급을 받아야 한국어 교사 자격증이 나온다.
- ☐ 외국인 학생이 자기소개서를 쓸 때는 한국어를 잘하는 사람이 대신 써 주는 게 좋다.

새 단어

국제화 재학 학년 필리핀 피하다 비율 따라가다 밤을 새우다 발전
자유롭다 깊이 꿈꾸다

말해 봅시다

● 미래에 대학생이 된 자신의 모습을 상상하면서 다음 인터뷰 카드를 작성해 보십시오. 그리고 위에서 읽은 내용과 같이 기자와 대학생이 되어 인터뷰해 봅시다.

인터뷰 카드

1. 전공:
2. 전공 선택 이유:
3. 대학 생활에서 좋은 점:
4. 대학 생활에서 힘든 점:
5. ____________:
6. ____________:
7. 졸업 후 계획:
8. 미래의 후배들에게 하고 싶은 말:

02

대인 관계

가는 말이 고와야 오는 말이 곱다

어휘·표현

대인 관계 관련 어휘

말하기

문법 –더니[1]

(이)며 (이)며

칭찬하고 격려하기

말하기 활동

동창회에서 안부 묻기

듣고 말하기

적절한 위로 방법에 대한 전문가 의견 듣기

좋은 칭찬과 나쁜 칭찬에 대한 대화 듣기

문법 –느니 차라리

읽고 쓰기

교수님께 메일 보내는 방법에 대한 인터넷 게시 글 읽기

교수님께 보내는 이메일 읽기

문법 –기에는

02과 대인 관계

준비

- 가족이나 친구들에게 말할 때와 공항이나 학교 사무실 같은 곳에서 말할 때 무엇이 다릅니까?
- 친구를 대할 때와 교수님을 대할 때 무엇이 다릅니까?

어휘 · 표현

1. 공적인 상황과 사적인 상황에 따라 표현이 어떻게 다른지 알아봅시다.

"왜 왔어?" "마키 씨 자리에 계십니까?" "이따가 연락할게요."
"마키 있어요?" "어떻게 오셨습니까?" "문의드릴 것이 있습니다."
"나중에 연락드리겠습니다." "○○이/가 어떻게 되십니까?"

공적

사적

공적	표현	사적
"어떻게 오셨습니까?"		"왜 왔어?"

학교	회사	
학교 사무실 직원에게 학기 일정 묻기	공 적	공 적
반 친구에게 문화 체험 일정 묻기	사 적	사 적

- 위의 장소에서 생길 수 있는 공적인 상황과 사적인 상황을 생각해 봅시다. 그리고 상황에 맞게 친구와 대화해 봅시다.

2. 대인 관계에서 자주 하는 말에 대해서 알아봅시다.

칭찬하다 충고하다
위로하다 격려하다 설득하다

- 여러분은 친구를 위로해 본 적이 있습니까? 어떤 상황이었습니까?
- 여러분은 다른 사람의 충고를 잘 듣는 편입니까? 여러분은 요즘 어떤 칭찬을 듣고 싶습니까?

3. 다른 사람과 관계를 맺을 때 필요한 태도에 대해서 알아봅시다.

아픔에 공감하다	마음을 표현하다	입장을 바꿔 생각하다
생각을 존중하다	진심으로 대하다	겸손하게 말하다/행동하다

동생이 또 쓰레기를 안 버려서 짜증이 났다. 그렇지만 나도 바쁠 때 그런 적이 있어서 화를 내지 않았다.	발표를 도와준 친구에게 고맙다고 말하고 작은 선물을 줬다.	마키가 말하기 대회에서 1등을 했는데 도와준 친구들 덕분에 1등을 했다고 말했다.
어머니는 나의 생각을 항상 중요하게 생각해 주신다.	아버지가 돌아가셔서 힘든데 친구가 자기도 같은 경험이 있다고 하면서 따뜻하게 손을 잡아 주었다.	투이는 누구에게든지 마음을 열고 솔직하게 마음을 전한다.

- 여러분은 다른 사람과의 관계에서 어떤 것을 잘하는 편입니까? 어떤 것을 잘 못하는 편입니까?

문법 1 -더니[1]

 투이 씨가 장학금을 받았다면서요?

 네, 그동안 열심히 공부하더니 이번에 장학금을 받았대요.

1. 다음과 같이 말해 봅시다.

> **가:** 저 이번에 여행사에 취직했어요.
> **나:** 여행하는 것을 좋아하더니 정말 여행사에 취직했네요.

1) 저 이번에 여행사에 취직했어요. (여행하는 것을 좋아하다)
2) 저는 지금 유치원에서 아이들을 가르치고 있어요. (아이들을 좋아하다)
3) 저 지금 체한 것 같아요. (아까 급하게 먹다)
4) 알렉세이 씨가 어제 병원에 입원했대요. (요즘 과로하다)
5) 왜 요즘 투안 씨가 공부를 잘 안 해요? (여자 친구를 사귀다)
6) 제 동생이 배우가 됐어요. (어렸을 때부터 예쁘다)

2. 아래 주제에 대해서 다음과 같이 대화해 봅시다.

> **가:** 지난주에 건강 검진을 하러 간다고 하더니 잘 다녀왔어요?
> **나:** 네, 지난번보다 좋아졌대요. 지난번 검진 결과가 나빠서 걱정했거든요.
> **가:** 다행이네요. 그동안 건강을 위해 열심히 운동했잖아요.
> **나:** 맞아요. 그래서 꾸준히 운동하려고요.
> ⋮

건강 검진 | 대학교 면접시험 | 발표 | 소개팅

3. 여러분이 아는 사람들 중에서 어떤 일을 하고 나서 좋은 결과나 나쁜 결과를 얻은 사람이 있습니까? 그 사람에 대해서 다음과 같이 소개해 봅시다.

누구: 1급 때 친구

한 일		결과
꾸준히 공부했다.	→	수료식 때 우수 학생으로 뽑혔다.

누구:

한 일		결과
	→	

제 1급 때 친구는 한국에 처음 왔을 때 한국어를 하나도 몰랐어요. 처음에 한글도 잘 못 읽어서 수업 시간에 아주 힘들어했어요. 그런데 꾸준히 공부하더니 1급 수료식 때 우수 학생으로 뽑혔어요. 그 친구가 정말 열심히 공부한 것을 모두 알고 있었기 때문에 선생님과 반 친구들이 진심으로 축하해 줬어요. 저는 그 친구를 보고 노력하면 뭐든지 할 수 있다는 걸 배웠어요.

문법 2 (이)며 (이)며

투안 씨가 지난번에는 수영 대회에서 1등을 했는데 이번 중간시험에서도 1등을 했대요.

투안 씨는 공부며 운동이며 못하는 게 없네요.

1. 다음과 같이 말해 봅시다.

> **가:** 어제 그 드라마 어땠어요?
>
> **나:** 배우의 연기며 대사며 다 좋았어요.

1) 어제 그 드라마 어땠어요? (배우의 연기 – 대사 – 좋다)
2) ○○ 씨는 부모님 중에서 누구를 닮았어요? (성격 – 외모 – 엄마를 닮다)
3) 우리 반 마키 씨는 일본 사람인데도 한국 요리를 잘하네요. (한국 요리 – 일본 요리 – 못하는 게 없다)
4) 남대문 시장에는 뭐가 많아요? (신발 – 옷 – 없는 게 없다)
5) 가방에 뭐가 들어 있어요?
6) 서울에서 어디에 가 봤어요?

2. 다음과 같이 대화해 봅시다.

> **가:** 휴대 전화를 잃어버렸다면서요? 잘 찾아봤어요?
>
> **나:** 네, 교실이며 화장실이며 다 찾아봤는데 없어요.
>
> **가:** 큰일이네요. 학생 식당에는 가 봤어요? 아까 저랑 거기에서 밥 먹었잖아요.
>
> **나:** 아직 안 가 봤어요. 지금 가 봐야겠어요.
>
> ⋮

휴대 전화를 잃어버렸다면서요?

한국어교육센터에 여러 나라 학생들이 많아요?

학교에 편의 시설이 많다면서요?

한국에는 배달되는 음식이 많다면서요?

외국에서 한국 가수들이 인기가 많지요?

어제 시장에서 물건 많이 샀어요?

3. 친구가 잘하는 것과 할 줄 아는 것에 대해 알아봅시다. 그리고 우리 반 친구들에게 그 친구를 칭찬해 봅시다.

친구 이름 : 마키

외국어	영어, 중국어, 몽골어…
운동	수영, 농구, 테니스…
학교 공부	과학, 수학, 미술…
요리	비빔밥, 김치찌개…
기타	

마키 씨는 영어도 잘하고
중국어도 잘해요.
그리고 운동하는 것을 좋아해서
농구며 축구며
못하는 운동이 없어요.

친구 이름 :

친구 이름 :

말하기

- 여러분은 다른 사람을 칭찬하거나 격려할 때 어떻게 말합니까?
- 다음 표현을 사용해서 말해 봅시다.

사용할 수 있는 상황	표현
본 것에 대한 결과 말할 때	-더니 -네요
겸손하게 말할 때	뭘요, 제가 운이 좋았어요
칭찬할 때	(이)며 (이)며 못하는 게 없네요
걱정 표현할 때	-(으)ㄹ까 봐 걱정이에요
격려할 때	그동안 -(으)니까 잘될 거예요

가

__더니 __네요.
(열심히 공부하다 - 좋은 결과를 얻었다)

__(이)며 __(이)며 못하는 게 없네요.
(공부 - 운동)

__(으)ㄹ까 봐 걱정이에요.
(시험에 떨어지다)

나

뭘요, 제가 운이 좋았어요.

그동안 __(으)니까 잘될 거예요.
(열심히 준비했다)

- 다음 대화를 들어 봅시다. 02-1

알렉세이	장설 씨, 기분이 좋아 보이는데 무슨 일 있어요?
장설	저 이번에 한국어능력시험에서 5급을 받았어요.
알렉세이	그동안 열심히 공부하더니 좋은 결과를 얻었네요. 정말 대단해요.
장설	뭘요, 제가 운이 좋았어요.
알렉세이	그게 어디 운으로 되는 건가요? 실력이지요. 다음 주에는 농구 대회에도 나간다면서요?
장설	네, 좋은 기회인 것 같아서 한번 해 보려고요.
알렉세이	장설 씨는 공부며 운동이며 못하는 게 없네요.
장설	알렉세이 씨는 요리를 잘하잖아요.
알렉세이	그렇지도 않아요. 요즘 요리사 자격증 시험을 준비하고 있는데 떨어질까 봐 걱정이에요.
장설	걱정하지 마세요. 그동안 열심히 준비했으니까 잘될 거예요.

1. 확인해 봅시다.

1) 장설에게 요즘 어떤 일이 있었습니까?

2) 장설은 무엇을 잘합니까?

3) 알렉세이는 요즘 무엇을 준비하고 있습니까?

2. 대화를 바꿔 말해 봅시다.

한국어능력시험에서 5급을 받았다	공부하다	농구 대회	공부 – 운동	요리를 잘하다	요즘 요리사 자격증 시험을 준비하고 있는데 떨어지다
대학원에 합격했다	준비하다	노래 대회	공부 – 노래	사진을 잘 찍다	다음 주에 동아리에서 사진 전시회를 하는데 사람들이 안 오다
우수 사원으로 뽑혔다	일하다	영어 말하기 대회	일 – 영어	축구를 잘하다	이번에 중요한 축구 경기가 있는데 잘 못하다
댄스 대회에서 1등을 했다	연습하다	미술 대회	춤 추기 – 그림 그리기	회사에서 인정받고 있다	이번에 회사에서 중요한 발표를 하는데 실수하다

말하기 활동

● 친구들을 오랜만에 다시 만나 본 적이 있습니까? 시간이 지나 모습이 변한 친구들에 대해 이야기해 봅시다.

> **활동 방법**
>
> 1) 내가 되고 싶은 직업을 적어서 가슴에 붙이십시오.
> 2) 다른 정보가 적혀 있는 종이를 선생님에게 받아서 붙이십시오.
> 3) 종이에 있는 정보를 보고 '-더니'를 사용하여 오랜만에 만난 동창들과 대화를 나누어 보십시오.

1. 20년 만에 중학교 동창들을 만났습니다. 친구들에게 안부를 물어봅시다.

윤아 이민호! 정말 오랜만이다. 잘 지냈어?

민호 이게 얼마 만이야. 정말 반갑다.

윤아 중학교 때 모습 그대로네. 하나도 안 변했어.

민호 너도 똑같다.

윤아 요즘엔 어떻게 지내?

민호 난 학교에서 아이들을 가르치고 있어.

윤아 어렸을 때부터 아이들을 좋아하더니 선생님이 되었구나. 잘 어울린다. 학교에서 무슨 과목 가르쳐?

민호 지금 수학을 가르치고 있어.

윤아 그래? 네가 옛날에도 수학이며 과학이며 다 잘했지. 내가 너한테 수학 문제 많이 물어봤는데. 아, 맞다. 너 중학교 때 결혼 안 한다고 하더니 정말 안 했어?

민호 아니야, 결혼했지. 결혼한 지 1년 정도 됐어.

2. 대화가 끝나면 안부를 나눈 친구에 대해 이야기해 봅시다.

민호 씨는 어렸을 때부터 아이들을 좋아하더니 선생님이 됐대요.

듣고 말하기

● 준비해 봅시다.

- 여러분은 친구가 힘든 일이 있을 때 어떻게 합니까?
- 내가 힘들 때 친구가 어떻게 해 줬으면 좋겠습니까?

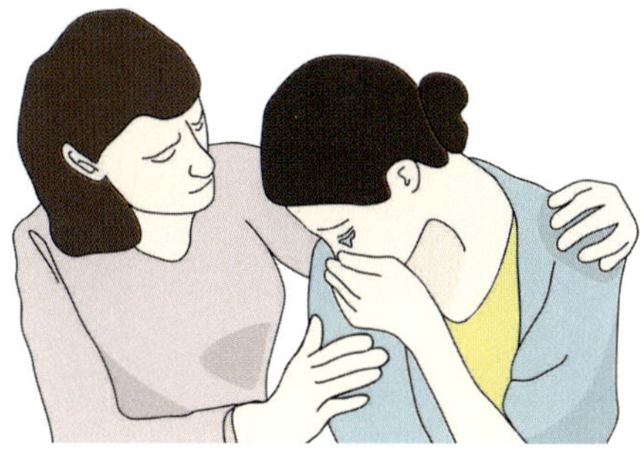

들어 봅시다 1

● 다음 라디오 방송을 들어 봅시다. 02-2

1. 무엇에 대한 내용입니까?

2. 맞는 것에 모두 ✓ 표시를 하십시오.

□ 고민을 보낸 사람의 친구는 면접시험에서 여러 번 떨어졌다.
□ 전문가는 위로할 때 문제에 대한 해결 방법을 말하면 안 된다고 말했다.
□ 라디오 진행자는 고민을 보낸 사람이 일부러 친구를 화나게 했다고 생각한다.

3. 전문가가 알려준 좋은 위로 방법은 무엇입니까?

새 단어

전문가 상담실 적절하다 위로 님 화나다 공감 본의 차라리 진행자

들어 봅시다 2

● 다음 대화를 들어 봅시다. 02-3

1. 무엇에 대한 내용입니까?

2. 아래의 칭찬을 들은 학생들은 각각 어떤 문제를 선택했습니까?

지능을 칭찬받은 팀	
노력을 칭찬받은 팀	

3. 맞는 것에 모두 ✓ 표시를 하십시오.

□ 남자의 동생은 수학을 잘해서 텔레비전에 나왔다.
□ 똑똑하다고 칭찬을 받은 팀은 다른 사람들을 신경 썼다.
□ 똑똑하다고 하는 것보다 공부 열심히 했다고 칭찬하는 것이 좋다.

4. 다음을 듣고 발음에 주의하면서 따라 해 봅시다. 02-4

1) 두 팀으로 나눠서 한 팀에게는 "너 정말 똑똑하구나."라고 칭찬을 해 줬대.
2) 다시 따라 해 보세요.
3) 이번 주 토요일에 도서관에 갈래?
4) 더 늦어지면 떠나기 전에 인터넷을 사용할 수 없어.

새 단어

초등학생 팀 지능 실망시키다

말해 봅시다

- 여러분은 '좋은 칭찬'과 '나쁜 칭찬'에 대해서 어떻게 생각합니까?
- 다음의 그림을 보고 칭찬해 봅시다.

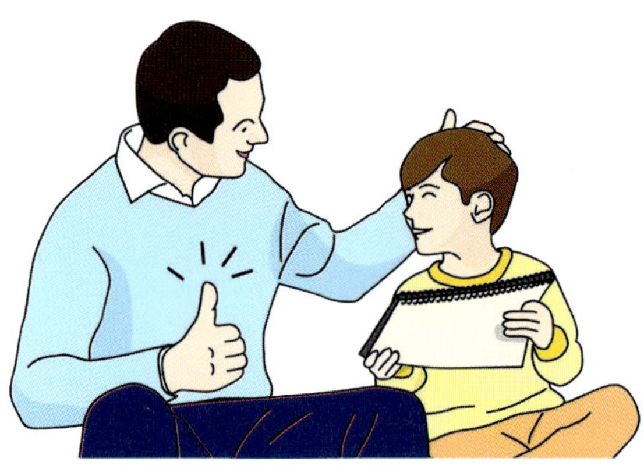

문법 3 -느니 차라리

1. 다시 들어 봅시다. 02-5

조언을 **하느니 차라리** 아무 말도 안 하는 게 나을 수 있습니다.

2. 다음과 같이 말해 봅시다.

1) **가:** 제프리 씨가 내일 요리해 준다고 집에 놀러 오래요. (제프리 씨가 만든 음식을 먹다)
   나: 네? 제프리 씨가 만든 음식을 먹느니 차라리 안 먹을래요.
2) **가:** 차가 너무 많이 막힌다. 30분 동안이나 안 움직이네. (버스에서 계속 앉아 있다)
   나: ______________________ 걸어가는 게 낫겠어. 내리자.
3) **가:** 가격이 싸서 바지를 세 벌이나 샀어요. 그런데 품질은 별로더라고요. (그렇게 가격만 싼 걸 여러 개 사다)
   나: ______________________ 안 사는 게 낫지 않아요?
4) **가:** 미나 씨가 백만 원을 주면 천만 원을 벌게 해 준대요.
   나: 미나 씨를 믿지 마세요. ______________ 지나가는 강아지를 믿는 게 나아요.
5) **가:** 이번 연휴에 등산하러 갈래요?
   나: 미안하지만 저는 등산을 안 좋아해요. ______________________.
6) **가:** 이 호텔은 어때요? 숙박비가 싸요.
   나: 이런 호텔에서 어떻게 자요? ______________________.

3. 아래 질문을 이용해서 다음과 같이 대화해 봅시다.

싼 여행 상품이 있다고 하던데 같이 갈래요?

주말에 캠핑을 하러 가는 게 어때요?

저녁에 편의점에서 라면 먹을래요?

○○ 씨랑 소개팅 한번 할래요?

가: 싼 여행 상품이 있다고 하던데 같이 갈래요?
나: 이렇게 더운 날씨에 여행을 가느니 차라리 집에 있을래요.
가: 그래도 가격이 정말 좋아요. 한번 보세요.
나: 전 괜찮아요. 다음에 갈게요.
⋮

문법 4 -기에는

1. 다음 문장을 읽어 봅시다.

다름이 아니라 교수님께 여쭤보고 싶은 것이 있습니다. 그런데 수업 시간에 질문을 **드리기에는** 내용이 많습니다.

2. 다음과 같이 말해 봅시다.

1) **가:** 내일 오전까지 이 서류 다 정리해 주세요. (내일 오전까지 하다)
   나: 내일 오전까지 하기에는 양이 너무 많은데요.
2) **가:** 저 먼저 갈게요. 내일 봐요. (집에 가다)
   나: 아직 8시밖에 안 됐는데 벌써 가요? ______________ 이른 시간이에요.
3) **가:** 지하철역에서 가게까지 걸어서 20분 정도 걸려요. 걸어가는 게 어때요? (걸어서 가다)
   나: 이렇게 추운 날씨에 ______________ 좀 먼 것 같아요.
4) **가:** 이 물건 오래 썼나 봐요. (버리다)
   나: 네, 오래 썼어요. ______________ 아까워서요.
5) **가:** ㅇㅇ 씨, 이 옷 입을래요? 새로 샀는데 저한테 안 어울려서요.
   나: ____.
6) **가:** 라면을 하나 끓여서 둘이 같이 먹자.
   나: ____.

3. 아래 질문을 이용해서 다음과 같이 대화해 봅시다.

주말에 제주도로 1박 2일 다녀오는 게 어때요?

아이가 3살인데 외국어를 가르쳐도 될까요?

지금 밤 10시인데 선생님께 전화드려도 될까요?

아버지 생신 선물로 명품 지갑을 사는 건 어때요?

가: 주말에 제주도로 1박 2일 다녀오는 게 어때요?
나: 제주도에 다녀오기에는 1박 2일이 너무 짧은 것 같은데요.
가: 그래요? 그렇게 볼 게 많아요?
나: 네, 제주도에 유명한 관광지가 얼마나 많은데요.
⋮

읽고 쓰기

● 준비해 봅시다.

- 교수님께 이메일을 쓸 때 무엇을 주의해야 합니까?
- 다음 이메일을 읽고 어색한 부분을 찾아봅시다.

➡ 보내기	미리보기	저장하기
받는 사람	김지수 교수님	
제목 □ 중요 !	교수님~	

저는 간토야입니다. 내일 선생님에게 질문할 수 있어요?
수업 끝나고 저를 만납시다. 도와주세요. ㅠㅠㅠ

➡ 보내기	미리보기	저장하기
받는 사람	김지수 교수님	
제목 □ 중요 !	(제목 없음)	

교수님, 나는 다음 주 수요일에 중국으로 갈 것이다.
학교에 안 가요.

읽어 봅시다 1

● 다음 글을 읽어 봅시다.

건축학과 게시판

교수님께 이메일 보내는 방법을 알려 드려요! 4월 2일 search

안녕하세요, 신입생 여러분. 저는 3학년 이민재입니다. 학교생활을 하면 할수록 교수님께 이메일을 보낼 일이 많아지는데요. 생각보다 이메일을 어떻게 써야 할지 잘 모르는 분들이 많은 것 같습니다. 그래서 교수님께 이메일을 쓰는 방법을 알려 드리고자 합니다. 이메일을 보내기 전에 다음 내용을 미리 알고 있으면 도움이 될 겁니다.

1. 제목에는 자신이 누구인지 밝히고 메일의 중요한 내용을 간단히 적는 게 좋습니다. 그렇게 하면 교수님이 메일을 보자마자 누가 왜 메일을 보냈는지 알 수 있습니다.
2. 메일 내용을 시작할 때 'ㅇㅇㅇ 교수님께'라고 씁니다.
3. 그다음에는 자기소개를 씁니다. 여기에는 듣는 과목과 전공, 학번, 이름을 쓰는 것이 좋습니다. 그럼 메일을 쓴 사람이 누구인지 더 쉽게 알 수 있거든요.
4. 교수님 수업에 대한 감사의 마음을 표현합니다. 처음 이메일을 쓰는데 할 말만 하는 것보다 감사한 마음을 먼저 표현하는 것이 더 좋겠지요?
5. 이메일을 보내는 목적을 씁니다. 예를 들어 결석에 대한 메일을 보낼 때는 결석하는 이유를 자세하게 설명하고 양해를 구하는 것이 좋습니다. 그리고 교수님께 면담을 요청할 때는 면담하는 목적을 미리 밝혀야 합니다. 이때 약속 시간은 교수님이 선택하실 수 있게 하는 것이 좋습니다.
6. 마지막으로 끝인사를 쓰고 이름을 씁니다. 끝인사에는 감사 인사와 건강에 대한 이야기를 쓰기도 합니다. 마지막에 자신의 이름을 쓸 때는 'ㅇㅇㅇ 올림'이라고 쓰면 됩니다.
7. 그리고 메일에 이모티콘(^^, ㅠㅠ 등)은 쓰지 않는 게 좋습니다. 공적인 이메일을 쓸 때 이모티콘은 잘 사용하지 않거든요.

1. 무엇에 대한 내용입니까?

2. 메일을 쓸 때 어떤 순서로 쓰면 좋습니까?

보기	순서
끝인사	받는 사람
보낸 사람	↓
교수님 수업에 대한 감사	↓
메일을 보낸 목적	↓
받는 사람	↓
자기소개	보낸 사람

3. 맞는 것에 모두 ✓ 표시를 하십시오.

- □ 제목에 메일의 내용을 쓰지 않는 것이 좋다.
- □ 결석하는 이유는 간단하게 설명하는 것이 좋다.
- □ 교수님과 약속을 정할 때 학생이 시간을 선택하는 것은 좋지 않다.
- □ 교수님께 이메일을 쓸 때는 이모티콘을 쓰지 않는 것이 좋다.

새 단어

저장하다　메일　학번　감사　결석　면담　면담하다　끝인사　이모티콘

읽어 봅시다 2

다음 이메일을 읽어 봅시다.

➡ 보내기 | 미리보기 | 저장하기

받는 사람: 김지수 교수님

제목 □중요! [건축학과 20251234 장핑] 면담 관련 문의드립니다

김지수 교수님께,

안녕하세요, 교수님.

저는 '한국의 건축' 수업을 듣고 있는 건축학과 20191234 장핑입니다.

항상 교수님의 수업을 통해 건축에 대한 새로운 지식을 얻고 있습니다. 감사드립니다.

다름이 아니라 교수님께 여쭤보고 싶은 것이 있습니다. 그런데 수업 시간에 질문을 드리기에는 내용이 많습니다. 그래서 교수님께서 가능하시다면 교수님 연구실로 잠깐 찾아뵙고 싶습니다. 가능한 시간을 알려 주시면 제가 그 시간에 맞추도록 하겠습니다.

바쁘신 중에 메일을 읽어 주셔서 감사합니다.
날씨가 쌀쌀해졌는데 감기 조심하세요.

장핑 올림

➡ 보내기 | 미리보기 | 저장하기

받는 사람: 김지수 교수님
제목 □중요 ! [건축학과 20251234 장핑] ㉠ ____________ 하게 되어서 메일 드립니다

김지수 교수님께,

안녕하세요, 교수님.

저는 '한국의 건축' 수업을 듣고 있는 건축학과 20191234 장핑입니다.

교수님의 수업을 통해 한국의 건축 역사에 대한 흥미를 가지게 되었고 건축에 대한 지식도 풍부해졌습니다. 진심으로 감사드립니다.

다름이 아니라 할머니가 돌아가셔서 내일 중국에 가게 되었습니다. 그래서 이번 주 금요일 수업에 참석하기가 어려울 것 같습니다. 교수님께서 확인하실 수 있도록 병원에서 서류를 받아서 도착하자마자 제출하겠습니다.

바쁘실 텐데 메일을 읽어 주셔서 감사합니다.
더운 날씨에 건강 조심하세요.

장핑 올림

1. ㉠에 알맞은 단어를 쓰십시오.

2. 맞는 것에 모두 ✓ 표시를 하십시오.

첫 번째 메일	□ 이 사람은 수업 시간에 교수님께 질문을 많이 했다. □ 이 사람은 교수님이 약속 시간을 정하도록 했다.
두 번째 메일	□ 이 사람은 중국에 돌아간 후 교수님께 이메일을 보냈다. □ 이 사람은 수업에 갈 수 없게 되어 교수님께 양해를 구했다.

새 단어

관련 건축 지식 여쭤보다 연구실 풍부하다 참석하다 제출하다

써 봅시다

수업 시간에 결석을 하게 되었습니다. 교수님께 이메일을 써 봅시다.

보내기 | 미리보기 | 저장하기

받는 사람: 김지수 교수님

제목 □ 중요 !

받는 사람

자기소개

교수님 수업에 대한 감사

메일을 보낸 목적

끝인사

보낸 사람

선생님께 이메일을 써 봅시다.

보내기 | 미리보기 | 저장하기

받는 사람

제목 □ 중요 !

쓰기 1 구어와 문어

알아봅시다

● 다음 두 개의 글을 읽고 무엇이 다른지 생각해 보고 표시해 봅시다.

신문에서 봤는데, 요즘 젊은 사람들은 미래보다 현재를 중요하게 생각한대요. 그래서 미래를 위해 공부하지 않거나 음, 미래 계획을 잘 세우지 않는 사람이 많다고 하더라고요. 또 주말엔 친구들이랑 여행도 많이 가고 현재의 자신을 위해 돈 쓰는 걸 아끼지 않는대요. 그런 것 같아요, 생각해 보면요.

신문 기사에 따르면, 요즘 젊은 사람들은 미래보다 현재를 중요하게 생각한다고 한다. 그래서 미래를 위해 공부하지 않거나 미래 계획을 잘 세우지 않는 사람이 많다고 한다. 또한 주말에는 친구들과 여행도 많이 갈 뿐만 아니라 현재의 자신을 위해 돈을 쓰는 것을 아끼지 않는다고 한다. 생각해 보면 나도 그런 것 같다.

● 다음 두 개의 글을 읽고 무엇이 다른지 생각해 보고 표시해 봅시다.

한국의 전통 집, 한옥의 특징을 소개할게요. 첫 번째 특징은 한옥은 남자가 생활하는 공간과 여자가 생활하는 공간이 따로 구별되어 있었다는 거예요. 남자가 생활하는 공간을 사랑채라고 하고 여자가 생활하는 공간을 안채라고 해요. 두 번째 특징은 자연에서 얻은 재료로 한옥을 지었다는 거예요.

한국의 전통 집, 한옥의 특징에 대해 소개하겠습니다. 첫 번째 특징은 한옥은 남자가 생활하는 공간과 여자가 생활하는 공간이 따로 구별되어 있었다는 것입니다. 남자가 생활하는 공간을 사랑채라고 하고 여자가 생활하는 공간을 안채라고 합니다. 두 번째 특징은 자연에서 얻은 재료로 한옥을 지었다는 것입니다.

구어와 문어가 어떻게 다른지 알아봅시다.

구분		특징	예
단어	구어	• '음', '어'와 같은 말을 사용한다. • 줄임말을 사용한다. • 주로 구어에서 사용하는 단어가 있다.	• 음, 계획을 세우지 않는 사람이 많아요. • 또 주말엔 여행도 많이 가요.
	문어	• '음', '어'와 같은 말을 사용하지 않는다. • 줄임말을 사용하지 않는다. • 문어에서 자주 사용하는 단어가 있다.	• 또한 주말에는 여행도 많이 간다.
문법·표현	구어	• 조사를 사용하지 않아도 될 때가 있다. • 구어에서 사용하는 조사가 있다. • 구어에서 사용하는 문법과 표현이 있다. • 높임말을 사용한다.	• 돈 쓰는 걸 아끼지 않는대요. • 친구들이랑 여행도 많이 가고요. • 뉴스에서 봤는데 현재를 중요하게 생각한대요. • 그런 것 같아요.
	문어	• 조사를 꼭 써야 한다. • 문어에서 사용하는 조사가 있다. • 문어에서 사용하는 문법과 표현이 있다. • 보통 높임말을 사용하지 않는다.	• 돈을 쓰는 것을 아끼지 않는다. • 친구들과 여행도 많이 간다. • 뉴스에 따르면 현재를 중요하게 생각한다고 한다. • 나도 그런 것 같다.
문장	구어	• 주어가 없어도 된다. • 생각하면서 말을 하는 경우가 많기 때문에 문장의 순서가 바뀔 때가 있다.	• 그런 것 같아요, 생각해 보면요.
	문어	• 주어를 꼭 써야 한다. • 문장의 순서에 맞게 써야 한다.	• 생각해 보면 나도 그런 것 같다.

상황에 따라 나눌 수 있는 구어와 문어의 종류에 대해 알아봅시다.

상황	구어	문어
격식적 상황	• 발표, 뉴스, 인터뷰	• 발표문, 자기소개서, 학업 계획서 등
비격식적 상황	• 일상 대화	• 일기, 편지 등

연습해 봅시다

● 보기 와 같이 구어를 문어로 바꿔 봅시다.

보기
그건 좋은 해결 방법이 아니에요.
→ 그것은 좋은 해결 방법이 아니다.

1. 저는 한국에서 생활하는 게 진짜 좋아요.

→

2. 지난 토요일 친구랑 부산 여행 갔다 왔어.

→

3. 힘들어요, 숙제 너무 많아서.

→

4. 근데 진짜 고향 돌아갔으면 좋겠어요.

→

5. 아휴, 우산 안 가지고 왔는데 비 올까 봐 걱정이에요.

→

6. 낼 저녁 삼겹살 먹으려고 해요.

→

7. "그래서 어떻게 됐어?"라고 물어봤어요.

→

8. 신문 기사에서 봤는데 다음 주까지 장마래요.

→

써 봅시다

아래의 구어를 문어로 바꿔 봅시다.

전 한국어 공부하러 한국 온 유학생이에요. 음, 한국 온 지 벌써 1년이 지났네요. 처음 한국에 왔을 때 생각하면 한국어 진짜 못했는데 지금은 한국어가 자연스럽게 나와요. 한국어교육센터에서 여러 나라 친구들이랑 같이 한국어 공부하는 거도 재미있고 한국 생활하는 거도 재미있어요. 가끔 부모님하고 고향 친구들이 보고 싶을 때 있는데 제 꿈과 미래를 위해 포기하지 않고 노력해서 제 목표를 꼭 이룰 거예요.

아래의 글을 발표문으로 바꿔 봅시다.

한국의 명절 '설날'을 소개할게요. 설날은 한 해가 시작되는 첫 달의 첫날로 음력 1월 1일이에요. 설날 아침에는 차례를 지내고 어른들께 세배를 드려요. 세배를 드리면 어른들이 아이들에게 덕담해 주세요. 그리고 한국에서는 설날에 떡국을 먹는데 떡국을 먹어야 나이를 한 살 더 먹는다고 생각했대요. 그래서 옛날에는 나이를 물어볼 때 "떡국 몇 그릇 먹었어?"라고 물어봤다고 하더라고요.

03

함께 사는 삶

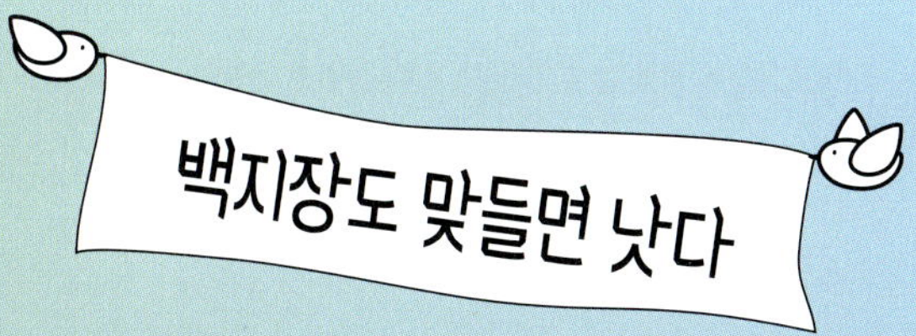

어휘·표현

나누는 삶에 관한 어휘, -스럽다

말하기

문법 -다 보니

-아/어 가면서

봉사 활동 경험 말하기

말하기 활동

봉사 활동 계획 발표하기

듣고 말하기

기부 관련 뉴스 듣기

봉사와 기부로 유명한 배우와의 인터뷰 듣기

문법 -자

읽고 말하기

나눔 장터 안내문 읽기

배려에 대한 에피소드 읽기

문법 만 하다

03과 함께 사는 삶

준비

- 주변 사람들에게 도움을 주거나 받은 적이 있습니까?
- 도움을 주거나 받았을 때 어땠습니까?

어휘 · 표현

1. 봉사와 기부에 관련된 어휘를 알아봅시다.

봉사	기부
봉사하다	기부하다
봉사 활동	기부 활동
봉사자	기부자
봉사 단체	기부 단체
해외 봉사	재능 기부

- 봉사 활동에는 어떤 것이 있습니까?
- 봉사 활동을 한 적이 있습니까? 봉사 활동을 해 보니까 어땠습니까?

- 기부 활동에는 어떤 것이 있습니까?
- 하고 싶은 기부 활동이 있습니까? 왜 그것이 하고 싶습니까?

2. 나누는 삶과 관련된 표현을 알아봅시다.

참여하다	실천하다	결연하다
배려하다	양보하다	보람을 느끼다

저는 지난달부터 봉사 활동에 ____________게 되었습니다. 부모님이 없는 아이들과 ____________고 한 달에 한 번씩 만나서 여러 활동을 하는 것입니다. 예전부터 다른 사람들을 도와주고 싶었지만 행동으로 ____________기가 쉽지 않았는데 이 아이들에게 작은 도움이라도 된다면 ____________(으)ㄹ 것 같았습니다.

아이를 처음 만난 날, 동물원을 구경하려고 지하철을 타고 가고 있는데 아이가 갑자기 자리에서 일어나면서 말했습니다. "할아버지, 여기 앉으세요." 깜짝 놀라서 보니 아이가 할아버지에게 자리를 ____________는 것이었습니다. 어린 나이에도 다른 사람을 ____________는 모습을 보고 감동을 받았습니다.

3. '-스럽다'가 사용된 어휘를 알아봅시다.

-스럽다

- 자연스럽다
- 걱정스럽다
- 자랑스럽다
- 사랑스럽다
- 조심스럽다
- 부담스럽다

가까운 사이도 아닌데 자꾸 도와준다고 하니까 좀 싫더라고요.	이번 축구 대회에서 우리 학교가 1등을 했대요. 대단하지요?	제 한국어 실력으로 전공 수업을 들을 수 있을지 모르겠어요.
발음이 아주 좋아서 한국 사람인 줄 알았어요.	아이들은 저렇게 자고 있을 때 천사 같아. 어머, 자다가 웃기도 하네.	같은 방을 쓰는 친구가 자고 있어서 깰까 봐 조용히 문을 열고 나갔어요.

문법 1 -다 보니

저는 된장찌개 냄새가 싫어서 안 먹어요.

처음에는 저도 싫었는데 자주 먹다 보니 잘 먹게 되었어요.

1. 다음과 같이 말해 봅시다.

1) **가:** 전에는 요리를 잘 못했잖아요. 그런데 이제는 잘하네요.
   나: 자주 요리하다 보니 실력이 늘었어요.
2) **가:** 지난 학기보다 많이 건강해진 것 같아요.
   나: 네, ______________________ 건강해졌어요.
3) **가:** 한국어 실력이 많이 좋아졌네요.
   나: ____________________ 한국어를 잘하게 되었어요.
4) **가:** 전과 달리 드라마를 즐겨 보네요.
   나: ____________________ 재미있더라고요.
5) **가:** 한국 노래를 많이 아네요.
   나: ____.
6) **가:** 요즘 피부가 좋아진 것 같아요.
   나: ____.

2. 다음과 같이 대화해 봅시다.

가: 친구가 참 많은 것 같은데 어떻게 사귀었어요?
나: 동아리 활동을 하다 보니 친구를 많이 알게 됐어요.
가: 무슨 동아리에 들었어요?
나: 사람들도 돕고 경험도 쌓으려고 봉사 동아리에 들었어요.
가: 동아리 활동은 어때요?
⋮

친구가 참 많은 것 같은데 어떻게 사귀었어요?

한국어 발음이 자연스러운데 비결이 뭐예요?

요리 실력이 뛰어나네요. 요리 학원에 다녔어요?

안색도 안 좋고 살도 많이 빠진 것 같아요. 요즘 무슨 일 있어요?

여러 나라의 문화를 정말 많이 아네요.

투이 씨랑 성격이 안 맞는다고 한 것 같은데 친해졌네요.

3. 한국 생활에 어떻게 적응하게 되었는지 이야기해 봅시다.

한국 생활

- 학교생활
- 한국어 공부
- 기숙사
- 한국 음식
- 친구들
-

○○ 씨는 처음부터 한국 음식을 좋아했어요?

아니요, 처음에는 매워서 못 먹었는데 자꾸 먹다 보니…

문법 2 -아/어 가면서

하루 종일 컴퓨터 앞에서 일만 하니까 머리가 아프네요.

쉬어 가면서 하세요. 그래야 일도 더 잘 되니까요.

1. 다음과 같이 말해 봅시다.

1) **가:** 오늘 만든 음식은 짜지 않은데요. (맛을 보다)

   나: 맛을 봐 가면서 만들었거든요.

2) **가:** 스마트폰은 편하긴 한데 기능이 너무 복잡해요. (설명서를 읽다)

   나: ______________ 사용하면 금방 익숙해져요.

3) **가:** 스포츠 센터에 가는 길이 복잡하던데 잘 찾아갔네요. (사람들한테 묻다)

   나: ______________ 찾으니까 생각보다 쉽던데요.

4) **가:** 제가 친구의 얘기를 잘 안 듣고 제 말만 해서 그런지 친구들이 저랑 말하기 싫어해요.

   나: ______________ 이야기하는 게 좋지요.

5) **가:** 설악산까지 5시간 운전해야 하는데 괜찮겠어요?

   나: ______________.

6) **가:** 어려운 단어가 많은데 이 책을 어떻게 읽었어요?

   나: ______________.

2. 다음과 같이 대화해 봅시다.

가: 대학 졸업 후에 뭘 해야 할지 모르겠어요.
나: 혼자 고민하지 말고 친구들과 이야기해 가면서 생각해 보세요.
가: 친구들이랑 이야기하면 결정하기 더 힘들 것 같아요.
나: 아니에요. 이야기를 하다 보면 좋은 정보를 얻을 수 있을 거예요.
⋮

대학 졸업 후에 뭘 해야 할지 모르겠어요.

면접 준비 때문에 며칠 동안 잠을 못 잤어요.

수업 시간에 들은 내용을 자꾸 잊어버려요.

일이 많아서 친구들을 만날 시간이 없어요.

내일이 첫 출근인데 모르는 게 많아서 걱정이에요.

어떻게 살면 인생을 행복하게 살 수 있을까요?

3. 다음 상황에 있는 친구에게 조언해 봅시다.

요즘 계속 야근해서 건강이 나빠졌다.

다이어트를 시작하고 나서 음식을 거의 안 먹는다.

돈을 모으려고 필요할 때도 돈을 쓰지 않는다.

한국에 와서 한국어만 배우고 있으니까 생활이 재미없다.

불고기를 만들어 보고 싶은데 만드는 방법을 모른다.

요즘 계속 야근해서 건강이 나빠진 것 같아요.

그렇게 일만 하면 안 돼요. 쉬어 가면서…

말하기

● 여러분은 봉사 활동을 한 후 느낀 점에 대해서 어떻게 말합니까?

● 다음 표현을 사용해서 말해 봅시다.

사용할 수 있는 상황	표현
상황 설명할 때	-거든요
감탄할 때	-다니 -네요
부연 설명할 때	-아/어 가면서 -아야지요/어야지요
경험 물을 때	-아/어 보니까 어때요?
경험 말할 때	-다 보니 -아요/어요, -고요

가

__거든요.
(요즘 초등학생들한테 무료로 중국어 가르치는 일을 하고 있다)

나

__다니 __네요.
(그런 일을 하고 있다 - 대단하다)

가

__아/어 가면서 __아야지요/어야지요.
(서로서로 돕다 - 살다)

나

__아/어 보니까 어때요?
(하다)

가

__다 보니 __아요/어요. __고요.
(아이들을 가르치다 - 한국어 실력이 좋아졌다 / 보람도 느끼게 되다)

● 다음 대화를 들어 봅시다. 03-1

장설 장핑 씨, 요즘 왜 그렇게 바빠요? 수업 시간이 아니면 얼굴을 통 못 보겠어요.

장핑 제가 요즘 초등학생들한테 무료로 중국어 가르치는 일을 하고 있거든요.

장설 그런 일을 하고 있다니 대단하네요.

장핑 뭘요, 그냥 제가 가진 것을 다른 사람들이랑 나누는 거예요. 서로서로 도와 가면서 살아야지요.

장설 들어 보니까 저도 하고 싶어지는데요. 해 보니까 어때요?

장핑 아이들을 가르치다 보니 한국어 실력이 좋아졌어요. 보람도 느끼게 되고요. 한번 해 볼래요?

장설 그래요? 그럼 저도 참여하고 싶어요.

장핑 좋아요. 다음에 같이 가요. 장설 씨도 좋아할 거예요.

1. 확인해 봅시다.

1) 장핑은 요즘 생활이 어떻습니까?

2) 장핑은 어떤 일을 하고 있습니까?

3) 장핑이 하고 있는 일의 좋은 점은 무엇입니까?

2. 대화를 바꿔 말해 봅시다.

초등학생들한테 무료로 중국어 가르치는 일을 하다	제가 가진 것을 다른 사람들이랑 나누다	아이들을 가르치다 – 한국어 실력이 좋아졌다 / 보람도 느끼게 되다
낡고 더러워진 벽에다가 그림 그리는 일을 하다	제가 좋아하는 그림을 다른 사람들도 볼 수 있게 그리다	벽화를 그리려고 여기저기 다니다 – 서울 길을 많이 알게 됐다 / 여러 사람들도 사귀게 되다
유기견 보호소에서 강아지 목욕시키는 일을 하다	고향에 있는 강아지를 생각하면서 버려진 강아지를 돌보다	강아지를 목욕시키다 – 강아지뿐만 아니라 제 마음도 깨끗해졌다 / 동물을 생각하는 마음도 생기게 되다
혼자 지내는 어르신들을 찾아가서 도와드리다	어르신들과 이야기도 하고 간단한 집안일도 하다	어르신들을 만나다 – 한국 생활이 즐거워졌다 / 스스로 자랑스러운 마음도 들다

말하기 활동

함께 사는 사회를 위해서 할 수 있는 일에 대해서 말해 봅시다.

1. 다른 사람을 위해 어떤 활동을 할 수 있는지 이야기해 봅시다.

2. 아래에서 해 보고 싶은 활동을 고르고 그 이유를 말해 봅시다.

□ 거리 청소	□ 세탁 봉사	□ 유기견 돌보기	□ 노인 도와드리기
□ 재능 기부	□ 물품 나누기	□ 기부금 모으기	□ ______

3. 같은 활동을 하고 싶은 친구들과 모여서 계획을 세운 후 발표해 봅시다.

	활동: ______
언제	
어디에서	
할 일	•
	•
	•
	•
	•
준비할 것	
기타	

듣고 말하기

● 준비해 봅시다.

- 기부를 해 본 적이 있습니까? 누구에게 무엇을 기부했습니까?
- 기부를 한 후에 무엇을 느꼈습니까?

들어 봅시다 1

● 다음 뉴스를 들어 봅시다. 03-2

1. 무엇에 대한 내용입니까?

2. 맞는 것에 모두 ✓ 표시를 하십시오.

□ 가방을 잃어버린 사람은 경찰서에서 그 가방을 찾았다.
□ 기부금은 돈이 없어서 공부할 수 없는 학생들을 위한 것이다.
□ 기부자는 이번 기부로 인해 유명해졌다.

새 단어
성북구 쪽지 어려움 겪다 이웃

들어 봅시다 2

● 다음 인터뷰를 들어 봅시다. 03-3

1. 무엇에 대한 내용입니까?

2. 이 배우는 어떻게 봉사 활동을 시작하게 되었습니까?

3. 맞는 것에 모두 ✓ 표시를 하십시오.

□ 여자는 동생과 여행을 떠나기 전부터 봉사 활동에 관심이 많았다.
□ 여자는 동생과 함께 찾아간 마을의 아이들 때문에 봉사 활동을 하기로 했다.
□ 이번 방송을 통해 여자의 기부 활동이 처음 소개가 되었다.
□ 여자는 여러 나라 아이들에게 도움을 주고 있다.

4. 다음을 듣고 억양에 주의하면서 따라 해 봅시다. 03-4

1) 아이들을 위해 봉사 활동을 하는 프로그램이더라고요.
2) 처음에는 그 이유를 모르겠더라고요.
3) 아이들이 교육의 기회를 얻을 수 있다고 하더라고요.
4) 한국어 실력도 늘고 보람도 크더라고요.

새 단어

글자 떠올리다 음 마을 머무르다 보름 매체 후원 늘어나다 인간

말해 봅시다

● 여러분 주변에 나눔을 실천하는 사람들이 있습니까? 또는 매체를 통해서 알게 된 봉사자나 기부자가 있습니까? 친구들과 이야기해 봅시다.

문법 3 -자

1. 다시 들어 봅시다. 03-5

가방을 **열자** 그 안에는 현금 오천만 원과 쪽지 하나가 들어 있었다고 합니다.

2. 다음과 같이 말해 봅시다.

먼저 일어난 일	그다음에 일어난 일
창문을 열다	맛있는 냄새가 방 안으로 들어왔다
봄이 되다	
공연이 끝나다	
어머니의 목소리를 듣다	
선생님이 교실에 들어오다	

1) 창문을 열자 맛있는 냄새가 방 안으로 들어왔다.
2) 봄이 되자 ____________________
3) ____________________
4) ____________________
5) ____________________

3. 알맞은 표현을 골라 인터뷰를 해 봅시다.

얼굴을 보다 　 친구들이 생기다 　 기회가 많아지다 　 결과가 발표되다 　 말하기 시작하다

🎤 오늘은 한국어 말하기 대회에서 1등을 한 마키 씨와 인터뷰를 하겠습니다. 축하드립니다. 기분이 어떠십니까?
👩 생각하지 못했는데 ____________ 꿈만 같았습니다.
🎤 많은 사람들이 보고 있었는데 떨리지 않으셨습니까?
👩 네, 처음에는 사람들의 ____________ 긴장되었습니다. 하지만 준비한 대로 ____________ 마음이 편해졌습니다.
🎤 그러셨군요. 그럼 후배들에게 어떻게 한국어 실력을 키웠는지 말씀해 주십시오.
👩 저도 처음에는 말하기가 어려웠는데 여러 나라의 ____________ 말할 기회가 많아졌습니다. 그리고 이런 ____________ 말하기 실력도 자연스럽게 좋아졌습니다.

문법 4 만 하다

1. 다음 문장을 읽어 봅시다.

학교 운동장은 전에 다니던 학교 운동장의 **반만 했습니다.**

2. 알맞은 표현을 골라 다음과 같이 말해 봅시다.

주먹 운동장 손바닥 쥐꼬리 단춧구멍 모기 소리

1) **가:** 영화배우 강지은 씨를 직접 봤다면서요?
   나: 네, 백화점에서 봤는데 얼굴이 주먹만 하더라고요.
2) **가:** 누구 사진이에요? 아이가 아주 귀엽네요.
   나: 제 조카인데 눈이 너무 작아서 ____________아요/어요.
3) **가:** 바트 씨 집이 ____________던데요.
   나: 거짓말 좀 하지 마세요. 그렇게 큰 집이 어디 있어요?
4) **가:** 힘들게 취직했는데 왜 그만두려고 해요?
   나: 월급이 ____________아서/어서 생활하기가 힘들어요.
5) **가:** 생일 파티 어디에서 할까요? ○○ 씨 집에서 할까요?
   나: 제가 원룸에 사는데 방이 ____________아서/어서 불편할 것 같아요.
6) **가:** 소개팅을 한다고 하더니 그 남자 어땠어요?
   나: 키는 크고 멋있었는데 목소리가 ____________아서/어서 답답했어요.

3. 아래의 상황에 대해서 다음과 같이 대화해 봅시다.

커피숍에 가방을 놓고 갔다. | 마트에서 ○○을/를 샀다. | 지난 주말에 이사할 집을 계약했다. | 강아지를 잃어버려서 찾고 있다.

가: 저기 어제 오후 5시쯤 여기에서 커피를 마시고 작은 가방을 하나 놓고 갔는데요.
나: 가방요? 어떤 가방인데요?
가: 까만색인데 이 책만 해요.
나: 그래요? 잠시만 기다려 주세요. 확인해 보겠습니다.
⋮

읽고 말하기

● 준비해 봅시다.

- 나눔을 실천하는 방법을 알고 있습니까? 어떻게 실천할 수 있습니까?

읽어 봅시다 1

● 다음 안내문을 읽어 봅시다.

나눔 장터에 여러분을 초대합니다

우리 아파트에서 '나눔 장터'를 열고자 합니다. 집에서 사용하지 않는 물건들을 기부하여 필요한 주민들에게 저렴한 가격으로 팔고 그 돈으로 어려운 이웃을 돕는 것입니다. 온 가족이 같이 참여하면 아이들이 나눔을 경험할 수 있는 소중한 기회가 될 것입니다. 주민 여러분들의 많은 관심과 참여 부탁드립니다.

일 시 4월 10일(토) 오전 10시 ~ 오후 5시
장 소 아파트 주차장
기부 물품 가구 및 가전제품 / 옷, 신발, 가방 등 의류·잡화
책, 장난감 등 아이 물건 / 기타 다양한 물품 가능
기부 방법 4월 9일(금) 오후 7시까지 관리 사무소에 물품 접수

※ 아파트 주민만 참여 가능하며 접수하지 않은 물건은 당일에 팔 수 없습니다.

사랑 아파트 관리 사무소

1. 이 글을 쓴 목적은 무엇입니까?

2. 맞는 것에 모두 ✓ 표시를 하십시오.

□ 나눔 장터에서는 물건을 무료로 교환할 수 있다.
□ 나눔 장터에 참여하면 아이들에게 좋은 경험이 될 것이다.
□ 나눔 장터에는 물품을 언제든지 기부할 수 있다.
□ 나눔 장터에는 관심이 있는 모든 사람이 참여할 수 있다.

새 단어

장터 온 및 가전제품 의류 잡화 장난감 사무소 당일

읽어 봅시다 2

다음 두 글을 읽어 봅시다.

민수 씨는 요즘 구름 위를 걷는 기분입니다. 왜냐하면 세상에서 제일 예쁜 여자 친구가 생겼기 때문입니다. 오늘은 여자 친구와 만난 지 100일이 되는 날입니다. 오랜만에 머리도 단장하고 새로 장만한 옷도 입으니까 자신의 모습이 마치 백마 탄 왕자처럼 멋져 보였습니다.

민수 씨는 지금 여자 친구에게 줄 반지를 가지고 약속 장소로 가는 길입니다. 약속 장소에 가까워지자 설레는 마음에 한 걸음, 두 걸음, 걸음이 빨라졌습니다. 그런데 약속 장소에 도착해 보니 여자 친구는 아직 오지 않았습니다. 전에는 기다리는 것이 이렇게 행복한 줄 몰랐습니다. 그런데 얼마나 지났을까요? 한참 기다려도 여자 친구가 오지 않아서 민수 씨는 터벅터벅 집으로 돌아갔습니다.

민수 씨, 전화를 안 받아서 미안해요. 고민이 많았는데 마음을 정하고 편지를 써요. 민수 씨는 저와 잘 맞고 무엇보다 밝고 긍정적인 모습이 마음에 들었어요. 그런 민수 씨와 100일이 되는 날을 기대하면서 저도 그날 약속 장소에 있었어요. 그런데 저는 민수 씨의 행동에 놀랐어요. 혹시 그 할머니가 기억나세요? 무거운 짐을 들고 민수 씨 옆을 지나가던 할머니요. 들고 있던 짐이 쏟아져서 할머니가 힘들어하시는 걸 봤는데도 민수 씨는 도와주지 않고 그냥 오더군요. 그것을 안타깝게 지켜보면서 타인을 배려할 줄 모르는 남자와 잘 지낼 수 있을지 많은 생각을 했어요. 민수 씨, 우리는 여기까지인가 봐요.

1. 무엇에 대한 내용입니까?

2. 맞는 것에 모두 ✔ 표시를 하십시오.

☐ 남자는 여자와의 약속을 기대했다.
☐ 남자는 여자를 기다려야 해서 기분이 상했다.
☐ 여자는 할머니를 돕느라고 약속 장소에 갈 수 없었다.

3. 민수의 마음은 어떻게 바뀌었습니까?

( ) → ( )

12살 정우는 시골로 이사를 가게 되었습니다. 텔레비전이나 책에서 본 시골 생활을 생각하면 기대가 되기도 하고 낯선 학교와 친구들을 생각하면 걱정이 되기도 했습니다.

학교에 가는 첫날, 친구들을 만날 생각을 하면서 옷이며 머리며 외모에 신경을 쓰고 학교에 갔습니다. 그런데 학교 건물은 생각보다 아주 초라하고 학교 운동장은 전에 다니던 학교 운동장의 반만 했습니다. 정우는 학교가 마음에 들지 않았지만 새로 만날 친구들을 생각하면서 설레는 마음으로 교실 앞까지 갔습니다. '친구들은 어떨까? 예쁜 여학생이 있을까?' 기대 반, 걱정 반으로 문을 연 교실에는 5명의 학생들만 있었습니다. 그런데 이상하게 모든 학생들의 머리가 아주 짧았고 그것을 보자 갑자기 무서운 생각이 들었습니다. 어떻게 해야 할지 몰라 우물쭈물하고 있는데 선생님께서 오셔서 정우를 친구들에게 소개해 주셨습니다.

낯설고 어색한 수업이 끝나고 정우는 선생님을 찾아가서 물었습니다. "선생님, 제 짝 민지는 여자인데도 머리를 짧게 잘랐어요. 왜 우리 반 학생들은 모두 머리가 짧아요?" 정우의 질문에 선생님께서는 미소를 지으면서 말씀하셨습니다. "우리 반에 심하게 아파서 머리카락이 나지 않는 친구가 있어. 그 친구가 자신의 외모를 부끄러워할까 봐 모두 같은 모양으로 머리를 자른 거야. 친구를 배려하는 마음이지." 그 말을 듣자 정우는 눈물이 날 것 같았습니다. 친구들을 처음 만났을 때 가졌던 두려움은 사라지고 이 친구들과 아주 잘 지낼 것 같은 희망이 생겼습니다.

1. 맞는 것에 모두 ✓ 표시를 하십시오.

- ☐ 정우는 학교를 보고 실망했다.
- ☐ 정우는 반 친구들의 모습을 보고 당황했다.
- ☐ 정우는 선생님의 말씀이 무서워서 울 것 같았다.

2. 정우의 마음은 어떻게 바뀌었습니까?

걱정과 기대 → ( ) → 감동 → ( )

3. 정우가 감동을 받은 이유는 무엇입니까?

새 단어

세상	단장하다	장만하다	마치	백마	왕자	걸음
한참	터벅터벅	안타깝다	지켜보다	초라하다	우물쭈물하다	미소를 짓다
머리카락	부끄러워하다	두려움				

말해 봅시다

● 여러분이 받았던 배려에 대해서 말해 봅시다.

제가 유럽을 여행했을 때 느꼈던 작은 배려인데요. 백화점이나 가게에 들어갈 때 앞에 있는 사람이 뒤에 있는 사람을 배려해서 문을 잡아 주고 있더라고요.
⋮

● 다음의 장소에서 여러분이 할 수 있는 배려에 대해서 말해 봅시다.

장소	배려
학교	✔ 수업 후 교실 정리하고 가기 ✔ ✔
기숙사	✔ 12시 이후에는 컴퓨터 사용하지 않기 ✔ ✔
________	✔ ✔ ✔

04

일상의 문제

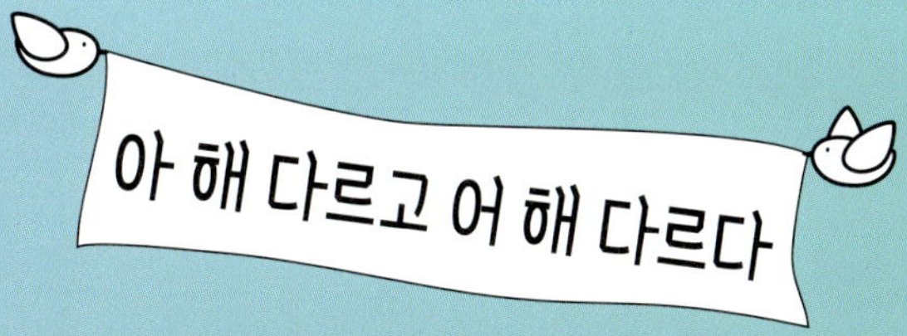

어휘·표현

불만과 보상 관련 어휘

말하기

문법 -ㄴ다고/는다고/다고 했잖아요

-는/(으)ㄴ 데다가

호텔에서 불만 사항 말하기

말하기 활동

서비스 상황에서 불만 사항 말하기

듣고 말하기

비행기 출발 지연에 대한 안내 방송 듣기

비행기 결항으로 인한 불만과 보상에 대한 대화 듣기

문법 -았어야/었어야 했는데

읽고 쓰기

교내 불편 사항에 대한 건의문 읽기

문법 -고 해서

04과 일상의 문제

준비

- 여러분은 공항이나 식당에서 서비스를 받을 때 불편을 겪은 적이 있습니까?

- 그때 여러분은 어떻게 했습니까?

어휘 · 표현

1. 호텔이나 항공사를 이용하면서 어떤 불편을 겪을 수 있는지 알아봅시다.

호텔			
	청소가 안 되어 있다	예약한 방과 다르다	온수가 안 나오다
	난방이 안 되다	소음이 심하다	변기가 막히다

항공사			
	짐이 분실되다	비행기가 결항이 되다	내 자리에 다른 승객이 앉아 있다
	출발이 지연되다	옆자리 승객이 시끄럽다	예약이 초과되어 자리가 없다

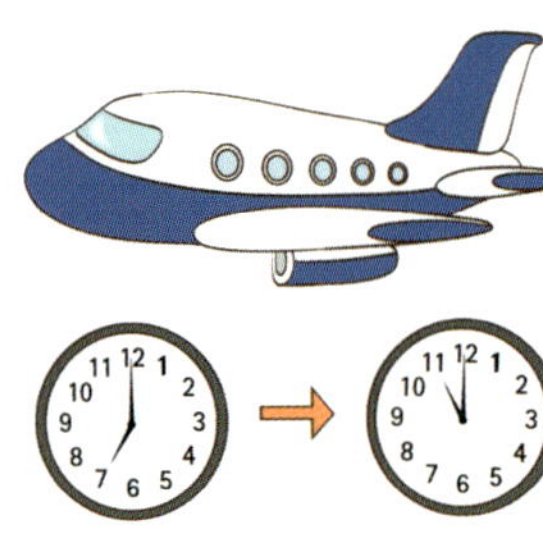

2. 불편을 겪었을 때 불만을 표현하는 방법에 대해서 알아봅시다.

홈페이지 게시판에 불만 사항을 남기다	고객 센터에 전화하다	불편하지만 참다
고객 카드에 불만 사항을 쓰다	회사에 이메일을 보내다	직원에게 따지다

나의 불만 표현 방법		회사의 대응 방법
• ______	→	• 사과하다
• ______		• 보상하다
• ______		• 사과나 보상을 하지 않다

3. 고객이 불만을 표현할 때 호텔이나 항공사에서 어떤 보상을 해 주는지 알아봅시다.

식사권을 제공하다	숙박권을 제공하다	왕복/편도 마일리지를 제공하다
기념품을 제공하다	더 좋은 방으로 바꿔 주다	일부 금액을 환불해 주다
더 좋은 자리로 바꿔 주다	______	______

호텔	항공사

- 호텔이나 항공사의 서비스를 이용하면서 불편을 겪은 적이 있습니까? 어떤 불편을 겪었습니까?
- 그때 호텔이나 항공사에서 어떻게 해 주었습니까?

문법 1 -ㄴ다고/는다고/다고 했잖아요

손님, 죄송합니다. 지금 자리가 없습니다.

아까 전화했을 때는 있다고 하셨잖아요.

1. 다음과 같이 말해 봅시다.

> 가: 20분 정도 기다리셔야 합니다.
> 나: 조금 전에는 금방 된다고 하셨잖아요.

1) 식당: "20분 정도 기다리셔야 합니다." (조금 전 – "금방 됩니다.")
2) 매장: "그 물건은 지금 없는데요." (조금 전 – "있습니다.")
3) 매장: "이 제품은 지금 파란색이 없습니다." (아까 – "다른 색도 많습니다.")
4) 문화 센터: "이미 수업이 시작되어서 반을 바꿀 수 없습니다." (어제 – "이번 주까지 반을 바꿀 수 있습니다.")
5) 여행사: "수수료 만 원입니다." (처음 – "수수료는 없습니다.")
6) 백화점: "어제 세일이 끝났습니다." (어제 – "이번 주말까지 세일 가격으로 드립니다.")

2. 다음과 같이 대화해 봅시다.

> 가: 우리 토요일 2시에 만나는 거지요?
> 나: 어, 저 그때 약속 있는데요.
> 가: 네? 지난번에는 토요일 2시에 시간 있다고 했잖아요.
> 나: 저 안 된다고 말했는데…….
> ⋮

우리 토요일 2시에 만나는 거지요?

여기 주차 가능한 거지요?

오늘 끝나고 모임 없지?

김밥 사 가지고 왔지?

아이스커피 여기 있어요.

우리 영화 시작 시간이 몇 시야?

3. 다음 상황에서 직원에게 불만을 이야기해 봅시다.

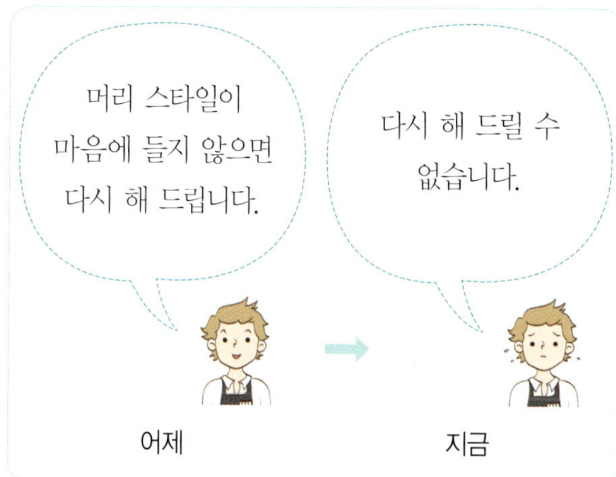

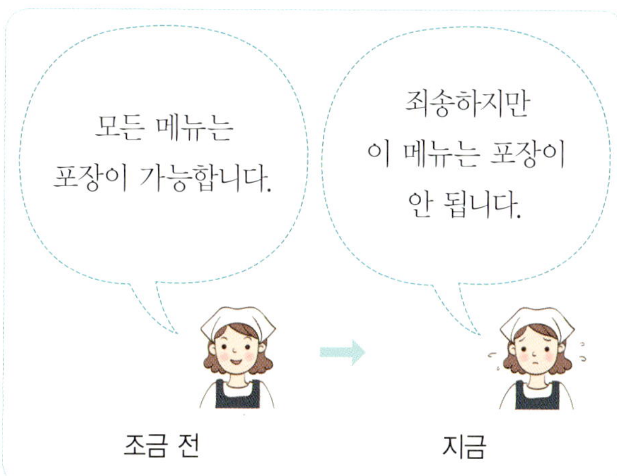

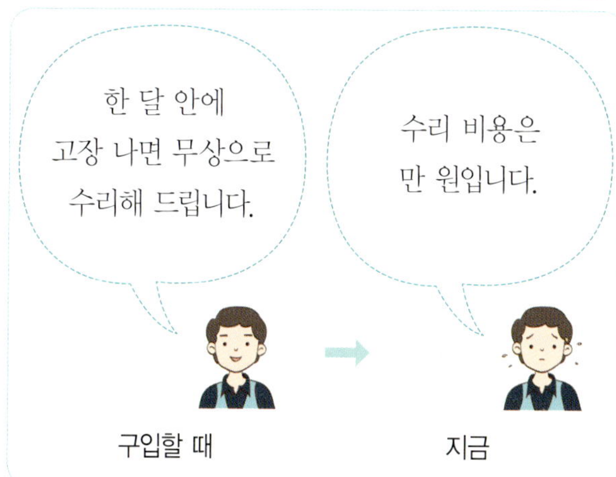

문법 2 -는/(으)ㄴ 데다가

새로 생긴 커피숍에 가 보니까 어때요?

커피도 맛없는 데다가 서비스도 별로라서 다시 가고 싶지 않아요.

1. 다음과 같이 말해 봅시다.

가: 요즘 어떻게 지내요?
나: 다음 주에 시험도 있는 데다가 발표 준비도 해야 해서 너무 바빠요.

1) 요즘 어떻게 지내요? (다음 주에 시험이 있다 – 발표 준비를 해야 하다)
2) 왜 회사를 그만두려고 해요? (일이 많다 – 분위기가 안 좋다)
3) 두 달 전에 이사했는데 또 이사해요? (난방이 잘 안 되다 – 방 친구랑 사이가 안 좋다)
4) 한국에 처음 왔을 때 실수를 많이 했어요? (한국말을 잘 모르다 – 문화가 다르다)
5) 공원에 사람이 정말 많네요. (주말이다 – 날씨가 좋다)
6) 이거 맛있는데 왜 안 먹어요? (아침을 많이 먹었다 – 조금 후에 식사 약속이 있다)

2. 다음과 같이 대화해 봅시다.

가: 주말에 친구랑 여행을 가려고 하는데 어디에 가면 좋을까요?
나: 부산에 가 보세요. 맛있는 음식이 많은 데다가 바다도 볼 수 있어요.
가: 그래요? ㅇㅇ 씨도 부산에 가 봤어요?
나: 네, 지난 방학에 가 봤는데 정말 좋았어요.

⋮

주말에 친구랑 여행을 가려고 하는데 어디에 가면 좋을까요?

다음 달에 부모님이 서울에 오시는데 어디에 가면 좋을까요?

요즘 좋아하는 가수는 누구예요?

요즘 재미있는 드라마나 영화가 있어요?

아침에 일찍 일어나면 뭐가 좋아요?

동아리 활동을 하면 뭐가 좋아요?

3. 아래 내용에 대해서 다음과 같이 여러 이유를 들어 이야기해 봅시다.

가: 지금까지 갔던 문화 체험 중에서 어디가 제일 좋았어요?
나: 저는 남이섬이 제일 좋았어요.
가: 그래요? 뭐가 좋았어요?
나: 남이섬은 단풍이 아름다운 데다가 강을 따라 자전거도 탈 수 있어서 좋았어요.
⋮

좋았던 문화 체험

싫었던 문화 체험

좋아했던 친구

싫어했던 친구

서울에서 마음에 드는 장소

서울에서 마음에 들지 않는 장소

좋았던 날

안 좋았던 날

말하기

- 여러분은 불만이 있을 때 어떻게 말합니까?
- 다음 표현을 사용해서 말해 봅시다.

사용할 수 있는 상황	표현
손님에게 용건 물을 때	무엇을 도와드릴까요?
문제 상황 설명할 때	-는데/(으)ㄴ데 -더라고요
개선 사항 요청할 때	-아/어 주실 수 있나요?
여러 이유 말할 때	죄송합니다. -는/(으)ㄴ 데다가 -아서/어서 -ㅂ니다/습니다
불만 말할 때	-ㄴ다고/는다고/다고 하셨잖아요
보상에 대해 약속할 때	죄송합니다. 그 대신에 -겠습니다

가

무엇을 도와드릴까요?

나

__는데/(으)ㄴ데 __더라고요.
(바다 전망으로 예약했다 - 산 전망이다)

__아/어 주실 수 있나요?
(방을 바꾸다)

가

죄송합니다. __는/(으)ㄴ 데다가 __아서/어서 __ㅂ니다/습니다.
(성수기이다 - 단체 예약이 있다 - 다른 방이 없다)

나

__ㄴ다고/는다고/다고 하셨잖아요.
(전화로 확인했을 때는 바다 전망이다)

가

죄송합니다. 그 대신에 __겠습니다.
(식사권을 드리다)

- 다음 대화를 들어 봅시다. 04-1

직원 무엇을 도와드릴까요?

윤아 아까 1201호 체크인했는데요. 바다 전망으로 예약했는데 산 전망이더라고요.

직원 제가 확인해 보겠습니다. 음, 정말 죄송합니다. 저희 쪽에서 뭔가 실수를 한 것 같습니다.

윤아 그럼 방을 바꿔 주실 수 있나요?

직원 죄송합니다. 지금은 성수기인 데다가 단체 예약도 있어서 다른 방이 없습니다.

윤아 제가 지난주에 전화로 확인했을 때는 바다 전망이라고 하셨잖아요.
지금 와서 이렇게 말씀하시면 곤란하지요.

직원 정말 죄송합니다. 그 대신에 숙박하시는 동안 이용할 수 있는 식사권을 드리겠습니다.
그리고 내일 다른 방으로 옮겨 드리겠습니다. 괜찮으시겠습니까?

1. 확인해 봅시다.

   1) 무슨 문제가 있습니까?

   2) 직원은 왜 방을 바꿔 줄 수 없다고 했습니까?

   3) 직원은 어떻게 보상해 준다고 했습니까?

2. 대화를 바꿔 말해 봅시다.

바다 전망으로 예약했다 – 산 전망이다	저희 쪽에서 뭔가 실수를 하다	바다 전망이다	숙박하시는 동안 이용할 수 있는 식사권을 주다
방에 들어갔다 – 호텔 밖 소음이 너무 심하다	공사 기간이 연장되다	공사가 끝났다	호텔 기념품을 주다
1인용 침대 두 개가 있는 방을 예약했다 – 2인용 침대 하나밖에 없다	예약한 직원이 실수를 하다	1인용 침대 두 개가 있는 방이다	숙박비를 20% 환불해 주다
금연 객실로 예약했다 – 담배 냄새가 심하게 나다	직원이 실수를 하다	금연 객실이다	저녁에 드실 과일과 와인을 서비스로 주다

말하기 활동

서비스 상황에서 생길 수 있는 불만 사항을 이야기해 봅시다.

1. 아래 상황 카드를 읽고 친구와 역할극을 해 봅시다.

미용실 손님

4시에 도착해서 기다리고 있다. 직원이 조금만 기다리면 된다고 해서 기다리고 있는데 벌써 30분이 지났다. 8시에 중요한 약속이 있다.

미용사

4시에 예약한 손님이 30분 동안 기다리고 있다. 손님에게 조금만 기다려 달라고 했는데 앞 손님의 서비스가 10분은 더 걸릴 것 같다.

식당 손님

점심시간이라서 밖에서 20분 동안 기다리고 나서 들어왔다. 그런데 나보다 늦게 들어온 사람의 음식이 먼저 나왔다. 식당 직원이 주문한 음식이 곧 나온다고 말만 하고 음식을 가지고 오지 않는다. 빨리 먹고 오후 수업을 들으러 가야 한다.

식당 직원

점심시간이라서 식당에 손님이 아주 많다. 일을 시작한 지 얼마 안 되어서 서빙을 하는 게 익숙하지 않다.

택시 손님

학교에 가려고 택시를 탔다. 나는 광화문 쪽을 지나서 우리 학교까지 가 달라고 했다. 택시 기사가 내가 설명한 길로 가겠다고 했고 나는 잠이 들었다. 그런데 눈을 떠 보니 내가 모르는 길로 가고 있었다. 내가 외국인이라서 길을 돌아가는 것 같다.

택시 기사

손님이 광화문 쪽을 지나서 가 달라고 했지만 교통 상황이 그때그때 다르니까 제일 빠른 길로 가고 있다.

2. 실제 상황처럼 제일 잘한 팀을 뽑아 봅시다.

듣고 말하기

● 준비해 봅시다.

- 여러분은 비행기를 이용하면서 출발 지연 등의 이유로 불편을 겪은 적이 있습니까?
- 불편을 겪었을 때 어떻게 했습니까? 항공사로부터 사과나 보상을 받았습니까?

들어 봅시다 1

● 다음 안내 방송을 들어 봅시다. 04-2

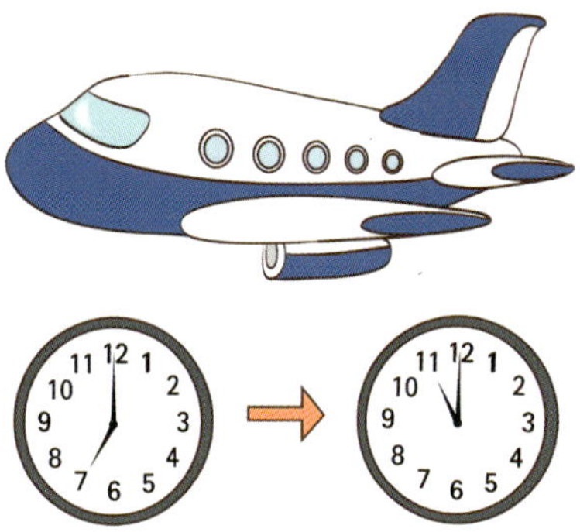

1. 무엇에 대한 내용입니까?

2. 왜 문제가 생겼습니까?

3. 맞는 것에 모두 ✓ 표시를 하십시오.

□ 이 비행기는 도쿄에서 출발하는 비행기이다.
□ 이 비행기는 오후 7시에 출발하지 못할 것이다.

새 단어

지연 도쿄 편(항공편) 정비 대단히

들어 봅시다 2

● 다음 대화를 들어 봅시다. 04-3

1. 무엇에 대한 내용입니까?

2. 맞는 것에 모두 ✓ 표시를 하십시오.

□ 날씨 문제로 인해 출발이 늦어졌다.
□ 남자 손님은 항공사에서 자세하게 설명하지 않아서 불만이다.
□ 여자 손님은 비행기를 타지 않고 환불을 받을 것이다.
□ 항공사는 오늘 출발하는 다른 비행기를 탈 수 있도록 승객들을 도와주려고 한다.
□ 내일 비행기를 타는 사람들은 공항 근처 호텔의 숙박권을 받을 수 있다.

3. 다음에 이어질 내용은 무엇입니까?

4. 다음을 듣고 발음에 주의하면서 따라 해 봅시다. 04-4

1) 식사권을 제공해 드리겠습니다.
[식싸꿔늘]

2) 여권을 꼭 가지고 오세요.
[여꿔늘]

3) 그 콘서트 입장권이 얼마예요?
[입짱꿔니]

4) 주차권을 드리겠습니다.
[주차꿔늘]

새 단어

저　최대한　책임　점검하다　전액　분명히　휴

말해 봅시다

● 여러분은 앞의 내용과 같은 상황에서 어떻게 하겠습니까? 도쿄에 도착한 후 공항에 마중 나온 친구에게 아래의 표현을 사용하여 이야기해 봅시다.

비행기 정비　직원에게 따지다　비행기가 결항이 되다
보상　전액 환불을 받다　호텔에서 무료 숙박　식사권 제공

문법 3 -았어야/었어야 했는데

1. 다시 들어 봅시다. 04-5

승객 날씨가 안 좋아서 결항이 된 것도 아니고 비행기 정비 때문에 그렇다는 건 회사 책임 아닌가요?
직원 저희가 잘 **점검했어야 했는데** 정말 죄송합니다.

2. 다음과 같이 말해 봅시다.

1) **가:** 어제까지 보고서를 제출해야 하는 거 몰랐어요?
나: 제가 빨리 작성했어야 했는데 죄송합니다.
2) **가:** 그 옷 바꾼다고 하더니 왜 안 바꿨어요?
나: ______________________.
3) **가:** 어제 김 선생님 결혼식에 왜 안 왔어요?
나: ______________________.
4) **가:** 방금 피자 다 먹었는데 조금만 빨리 오지 그랬어.
나: 아쉽네. 수업 끝나자마자 뛰어왔어야 했는데 …….
5) **가:** 이렇게 추운데 얇은 옷만 가지고 오셨어요?
나: 네, ______________________…….
6) **가:** 저녁 먹으러 안 갈 거야?
나: 응, 아까 너무 많이 먹어서 속이 좀 불편해. ______________________…….

3. 아래 질문을 이용해서 다음과 같이 대화해 봅시다.

회의 시간에 왜 늦었어요?

왜 뒷정리를 해 놓지 않고 갔어요?

왜 발표 자료를 제출하지 않았어요?

왜 시험을 보지 않았어요?

가: 회의 시간에 왜 늦었어요?
나: 시간을 착각했습니다. 제가 시간을 잘 확인했어야 했는데 정말 죄송합니다.
가: 요즘 지각을 너무 많이 하는 것 같아요.
나: 정말 죄송합니다. 앞으로는…
⋮

문법 4 -고 해서

1. 다음 문장을 읽어 봅시다.

> 일반 버스를 타려고 해도 쉽지 않습니다. 시청역 쪽에서 학교로 오는 버스는 하나밖에 없기 때문입니다. 그리고 이 버스는 다른 학교 학생들도 많이 **이용하고 해서** 항상 만원입니다.

2. 다음과 같이 말해 봅시다.

1) **가:** 어제 왜 수업 끝나자마자 빨리 나갔어요? (약속이 있다)
   나: 약속도 있고 해서 빨리 갔어요.
2) **가:** 이번에 이사 가려고요?
   나: 네, ________________ 이사 가려고요.
3) **가:** 공원으로 산책하러 간다고 하더니 왜 안 갔어요?
   나: ________________ 안 갔어요.
4) **가:** 어제 옷 사러 간다고 하더니 아무것도 안 샀어요?
   나: ________________ 안 샀어요.
5) **가:** 인터넷 게임 싫어한다고 하면서 왜 하고 있어?
   나: ________________.
6) **가:** 주말에 뭐 했어요?
   나: ________________.

3. 아래 말을 이용해서 다음과 같이 대화해 봅시다.

- 내일 간토야 씨 생일 파티가 있는데 ○○ 씨도 올래요?
- ○○ 씨도 같이 점심 먹으러 갈래요?
- 오늘 수업 끝나고 도서관에 가자.
- 태권도 동아리에 같이 가입하는 거 어때?

가: 내일 간토야 씨 생일 파티가 있는데 ○○ 씨도 올래요?
나: 저는 고향에서 친구도 오고 해서 못 갈 것 같아요.
가: 생일 파티에 그동안 못 만났던 친구들도 다 올 거라고 했는데 아쉽네요.
나: 정말요? 제 안부도 전해 주세요.

⋮

읽고 쓰기

● 준비해 봅시다.

- 여러분은 학교생활을 하면서 불편을 겪은 적이 있었습니까?
- 불편 사항을 다른 사람에게 건의해 본 적이 있습니까?

읽어 봅시다 1

● 다음 글을 읽어 봅시다.

search

제목	글쓴이	작성일	조회 수
셔틀버스 운행 대수를 더 늘려 주세요	이민정	06-02	15

저는 시청역 근처에 사는 학생입니다. 저는 시청역 학교 셔틀버스 정류장에서 버스를 탑니다. 어제도 보통 때처럼 8시 20분에 그곳에 도착했습니다. 그런데 제가 도착했을 때 이미 셔틀버스를 타려고 하는 학생들이 줄을 길게 서 있었습니다. 그래서 저는 셔틀버스를 탈 수 없었고 결국 학교에 지각했습니다. 1교시 수업이 많이 있는 날에는 이렇게 셔틀버스를 타지 못할 때가 많습니다. 시청역 쪽에서 학교에 가는 셔틀버스는 학생들이 많이 이용하기 때문에 이 버스를 타지 못하면 일반 버스를 타야 합니다.

하지만 일반 버스를 타려고 해도 쉽지 않습니다. 시청역 쪽에서 학교로 오는 일반 버스는 하나밖에 없기 때문입니다. 그리고 이 버스는 다른 학교 학생들도 많이 이용하고 해서 항상 만원입니다.

셔틀버스를 타는 것도 어려운 데다가 일반 버스도 별로 없어서 학교에 오기가 너무 힘듭니다. 학생들의 편의를 위해서 시청역에서 학교로 가는 셔틀버스 운행 대수를 더 늘려 주시기를 건의합니다.

1. 이 글의 주요 내용을 정리하십시오.

불편 사항	건의 사항
•	•

2. 맞는 것에 모두 ✔ 표시를 하십시오.

☐ 시청역에서 출발하는 셔틀버스는 자리가 남는다.
☐ 일반 버스는 다른 학교 학생들이 많이 타서 이용하기 불편하다.

새 단어

건의하다　작성일　셔틀버스　운행　대수　늘리다　시청역　이미　교시(1교시)　일반　만원

읽어 봅시다 2

● 다음 글을 읽어 봅시다.

search

제목	글쓴이	작성일	조회 수
흡연 문제로 건의할 것이 있습니다.	김수천	05-31	21

저는 한국어교육센터에서 한국어를 배우는 학생입니다. 커피를 사러 매점에 가는 길에 보니 도서관 앞에서 학생들이 담배를 피우고 있었습니다. 저는 흡연자가 아니기 때문에 담배 냄새를 좋아하지 않습니다. 그런데 건물 밖으로 나가자마자 담배 냄새가 나서 불쾌했습니다. 조금만 걸어가면 흡연 장소가 따로 있는데 도서관 앞에서 담배를 피우고 있는 것을 이해할 수 없었습니다. 그리고 담배꽁초가 여기저기 버려져 있어서 바닥도 더러웠습니다.

저는 공공장소에서 정해진 규칙을 잘 지키는 것이 중요하다고 생각합니다. 그래서 흡연자들이 정해진 흡연 장소에서만 담배를 피우고 담배꽁초를 쓰레기통에 버렸으면 좋겠습니다. 그리고 학교에서도 학생들이 흡연 장소가 아닌 곳에서 흡연을 하지 못하도록 관리해 줬으면 좋겠습니다.

1. 이 글의 주요 내용을 정리하십시오.

불편 사항	건의 사항
• •	• •

2. 맞는 것에 모두 ✓ 표시를 하십시오.

☐ 이 사람은 학교에 흡연 장소가 없어서 너무 불편해한다.

☐ 이 사람은 학생들에게뿐만 아니라 학교에도 바라는 것이 있다.

새 단어

매점　　흡연자　　불쾌하다

써 봅시다

● 건의 사항을 쓸 때 사용할 수 있는 표현에 대해 알아봅시다.

주요 표현

자기소개를 할 때	저는 -는/(으)ㄴ 학생입니다
불편한 점을 표현할 때	-아서/어서 -았습니다/었습니다, -고 해서 -았습니다/었습니다 때문에 불편했습니다/불쾌했습니다
바라는 점을 표현할 때	-아/어 주셨으면 좋겠습니다 -아/어 주시기를 바랍니다/희망합니다 -도록 -기를 기대합니다/건의합니다

● 다음 내용을 보고 건의하는 글을 써 보십시오.

자기소개	경영학과 학생
불편한 점	체육관에 있는 운동 기구가 얼마 전부터 고장 났음. 수건을 가지고 다녀야 함.
바라는 점	운동 기구를 빨리 수리했으면 좋겠음. 땀을 닦을 수 있는 수건을 준비해 놓았으면 좋겠음.

search

제목	글쓴이	작성일	조회 수
		20 - -	

● 학교생활을 하면서 불편한 점을 학교에 건의해 봅시다.

자기소개	
불편한 점	
바라는 점	

search

제목	글쓴이	작성일	조회 수
		20 – –	

쓰기 2 바른 문장 쓰기

알아봅시다

● 한국어의 문장에 대해 알아봅시다.

한국어가		재미있다.
한국어가	정말	재미있다.
동생이	잘	잔다.

장핑은		선생님이	되었다.
장핑은	훌륭한	선생님이	되었다.

마키는		신발을		샀다.
마키는	예쁜	신발을	싸게	샀다.

와, 경치가 아주 아름답네요.

● 사전을 찾아봅시다.

사전을 찾아보면 서술어(동사/형용사) 앞에 어떤 것이 와야 하는지 알 수 있습니다.

되다[1]

발음 [되다]

활용 되어[되어/퉤여], 되니[되니/퉤니]

「동사」

1【…이】

「1」 새로운 신분이나 지위를 가지다.

- 의사가 되고 싶다.

2【…으로】

「1」 어떤 재료나 성분으로 이루어지다.

- 나무로 된 책상

받다[1]

발음 [받따]

활용 받아[바다], 받으니[바드니], 받는[반는]

「동사」

1【…에서/에게서 …을】((‘…에서/에게서’ 대신에 ‘…으로부터’가 쓰이기도 한다))

「1」 다른 사람이 주거나 보내오는 물건을 가지다.

- 남자 친구에게서 생일 선물을 받다.
- 친구로부터 편지를 받다.
- 회사에서 월급을 받다.

「반대말」 주다

「높임말」 받잡다

연습해 봅시다

● 사전을 찾아보고 보기 와 같이 서술어에 맞게 문장을 만들어 봅시다.

보기

다니다

→ 저는 매일 학교에 다녀요.

→ 주말마다 친구들과 함께 등산을 다닌다.

1. 되다
→
→

2. 만들다
→
→

3. 생기다
→
→

4. 같다
→
→

알아봅시다

한국어 문장을 바르게 쓰는 방법에 대해서 알아봅시다.

서술어(동사/형용사)가 필요로 하는 것을 정확하게 써야 한다.

나는 친구에게서 받았다. (×)
나는 친구에게서 선물을 받았다. (○)

피동 표현을 쓸 때 주의해야 한다. 주어를 생각하면서 '하다' 동사를 사용해야 하는지 '되다' 동사를 사용해야 하는지 정해야 한다. '하다' 동사 앞에는 보통 '을/를'이 오고 '되다'와 '되다' 동사 앞에는 '이/가'가 온다.

기숙사 문제를 해결하다.
기숙사 문제가 해결되다.

문장의 앞뒤 관계를 생각해야 한다. 앞에 오는 말을 따라서 뒤에 어울리는 말을 써야 바른 문장을 쓸 수 있다.

내 꿈은 의사가 되고 싶다. (×)
내 꿈은 의사가 되는 것이다. (○)

나는 의사가 되는 것이다. (×)
나는 의사가 되고 싶다. (○)

요즘 학교에 자주 지각하는 이유는 밤늦게까지 아르바이트를 한다. (×)
요즘 학교에 자주 지각하는 이유는 밤늦게까지 아르바이트를 하기 때문이다. (○)

요즘 학교에 자주 지각한다. 왜냐하면 밤늦게까지 아르바이트를 한다. (×)
요즘 학교에 자주 지각한다. 왜냐하면 밤늦게까지 아르바이트를 하기 때문이다. (○)

일기 예보에 의하면 내일까지 비가 온다. (×)
일기 예보에 의하면 내일까지 비가 온다고 한다. (○)

만약/혹시 주말에 비가 와서 집에 있었다. (×)
만약/혹시 주말에 비가 오면 집에 있을 것이다. (○)

아무리 피곤하면 숙제를 꼭 해야 한다. (×)
아무리 피곤해도 숙제를 꼭 해야 한다. (○)

나는 친구들 덕분에 유학 생활이 별로 외롭다. (×)
나는 친구들 덕분에 유학 생활이 별로 외롭지 않다. (○)

연습해 봅시다

보기 와 같이 틀린 부분을 찾아 문장을 바르게 써 봅시다.

보기
제 취미는 영화를 보는 것을 좋아해요.
→ 제 취미는 영화를 보는 것입니다.

1. 내 꿈은 통역사를 되어 한국과 중국의 관계 발전에 도움을 주려고 한다.

→

2. 왜냐하면 나는 매운 음식이 잘 못 먹는다.

→

3. 친구의 이야기가 듣고 친구 생각을 이해되었다.

→

4. 혹시 한국어가 잘해서 저를 도와줄 수 있어요?

→

5. 만약 제가 부자가 되니까 힘든 사람을 도와줬어요.

→

6. 요즘 늦게 일어나는 이유는 밤마다 영화를 본다.

→

7. 아무리 비가 많이 오면 문화 체험에 갈 것이다.

→

8. 신문 기사에 의하면 호텔로 휴가를 가는 사람들이 많아졌다.

→

05

생각의 차이

제 손도 안팎이 다르다

어휘·표현

토론 관련 어휘, -(으)ㅁ

말하기

문법 -ㄴ다고/는다고/다고 해서 -는/(으)ㄴ 것은 아니다

-는가/(으)ㄴ가 하면

가치관 말하기

말하기 활동

토론하기

듣고 말하기

거짓말에 대한 대화 듣기

착한 거짓말에 대한 토론 듣기

문법 대로

읽고 말하기

사고방식 차이에 대한 설명문 읽기

틀림과 다름에 대한 서술의 글 읽기

문법 -기 마련이다

05과 생각의 차이

준비

- 여러분은 다른 사람들과 생각이 달랐던 경험이 있습니까? 누구와 어떻게 생각이 달랐습니까?

- 상대방과 생각이 다를 때 어떻게 해야 합니까?

어휘 · 표현

1. 토론과 관련된 어휘를 알아봅시다.

긍정적 ↔ 부정적

반대하다 / 옳다 / 찬성하다 / 그르다 / 다수 / 부분적 / 소수 / 전체적

1) 아버지는 나를 이해하면서 내 결정에 ________았지만/었지만 어머니는 안 된다고 ________았다/었다.
2) 건강하게 오래 살려면 ________인 생각보다 ________인 생각을 더 많이 하는 게 좋다.
3) 글의 중심 내용을 찾으려면 ________인 내용이 아니라 ________인 내용을 이해해야 한다.
4) 많은 사람들이 서로 다른 의견을 주장할 때는 ________의 의견도 중요하지만 ________의 의견도 들어야 한다.
5) 어릴 때는 ________고 ________는/(으)ㄴ 것을 잘 몰라서 잘못된 행동을 하기도 한다.

- 여러분은 토론을 해 본 적이 있습니까? 무엇에 대한 토론이었습니까?
- 여러분은 다수의 의견이 중요하다고 생각합니까? 소수의 의견이 중요하다고 생각합니까?

2. 토론할 때 좋은 태도와 좋지 못한 태도에 대해서 알아봅시다.

편견을 가지다	다른 가치관을 인정하다
열린 마음을 가지다	다양한 의견을 받아들이다
다른 의견을 무시하다	자신의 생각을 강요하다
근거를 들면서 주장하다	다른 의견에 귀를 기울이다
다른 사람의 말을 끊다	상대방의 의견을 비난하다

좋은 태도	좋지 못한 태도

- 여러분은 다른 사람과 토론할 때 어떤 태도를 보이는 편입니까?
- 다른 사람과 토론하면서 그 사람의 태도 때문에 기분이 좋았거나 안 좋았던 경험을 말해 봅시다.
- 토론할 때 가장 중요한 것이 무엇이라고 생각합니까?

3. 다음 어휘들에 대해서 알아봅시다.

삶 말다툼 도움

물음 죽음 싸움 걸음

웃음

- 이 어휘들은 어떻게 만들어졌습니까?
- 여러분이 아는 어휘 중에서 위와 같이 만들어진 어휘가 있습니까?
- 이 중에서 제일 마음에 드는 어휘는 무엇입니까? 왜 그렇습니까?

문법 1 -ㄴ다고/는다고/다고 해서 -는/(으)ㄴ 것은 아니다

돈이 많으면 걱정도 없고 행복하겠지요?

돈이 많다고 해서 다 행복한 것은 아니에요.

1. 다음과 같이 말해 봅시다.

가: 이 식당은 가격이 싼 걸 보니까 안 좋은 재료를 사용하나 봐요.
나: 가격이 싸다고 해서 다 안 좋은 재료를 사용하는 것은 아니에요.

1) 이 식당은 가격이 싼 걸 보니까 안 좋은 재료를 사용하나 봐요.
2) 나이가 많으면 기계를 잘 사용하지 못하지요?
3) 밥을 안 먹으면 금방 날씬해질 수 있을까요?
4) 외국에 오래 살면 그 나라 말을 잘할 수 있어요.
5) 좋은 대학을 졸업했으니까 취직이 잘될 거예요.
6) 남자는 여자보다 운전을 잘하는 것 같아요.

2. 다음과 같이 대화해 봅시다.

가: 머리가 좋으면 공부를 잘할까요?
나: 머리가 좋다고 해서 다 공부를 잘하는 것은 아니에요. 아무리 머리가 좋아도 노력을 하지 않으면 소용없어요.
가: 그건 그래요. 제가 아는 사람도 머리는 좋지만 노력을 안 해서 그런지 공부를 잘 못하던데요.
나: 그리고 공부하는 방법을 아는 것도 중요해요.
⋮

머리가 좋으면 공부를 잘할까요?

비타민 약을 잘 챙겨 먹으면 건강해질까요?

교과서를 열심히 보면 한국어 실력이 좋아지겠지요?

외모가 뛰어나면 이성에게 인기가 많을까요?

한국 사람은 모두 태권도를 할 수 있겠지요?

쌍둥이는 타고난 재능이 같을까요?

3. 아래 말들을 들어 본 적이 있습니까? 여러분이 알고 있는 것과 다른 것이 있는지 이야기해 봅시다.

맞다?

틀리다?

	맞다	틀리다
• 생선을 많이 먹으면 똑똑해진다.	☐	☐
• 어두운 곳에서 책을 읽으면 눈이 나빠진다.	☐	☐
• 많이 자면 건강에 좋다.	☐	☐
• 한 달 동안 음식을 안 먹으면 죽는다.	☐	☐
• 키가 크면 발도 크다.	☐	☐
• 여자는 남자보다 오래 산다.	☐	☐
• 사막은 뜨겁다.	☐	☐
• 스트레스는 건강에 안 좋다.	☐	☐
• ________________	☐	☐

스트레스는 건강에
안 좋아요.
스트레스를 받으면…

스트레스라고 해서 다
건강에 안 좋은 것은 아니에요.
신문에서 봤는데…

문법 2 -는가/(으)ㄴ가 하면

담뱃값을 올리는 것에 대해서 사람들이 어떻게 생각하나요?

찬성하는 사람이 있는가 하면 반대하는 사람도 있어요.

1. 다음과 같이 말해 봅시다.

> **가:** 수업 시간에 학생들이 열심히 공부하나요?
> **나:** 열심히 공부하는 학생이 있는가 하면 집중하지 못하는 학생도 있어요.

1) 수업 시간에 학생들이 열심히 공부하나요? (열심히 공부하는 학생 – 집중하지 못하는 학생)
2) 스포츠 댄스를 배우려면 오래 걸리나요? (오래 걸리는 사람 – 금방 배우는 사람)
3) 학교 측의 발표에 대해 학생들이 어떻게 생각하나요? (긍정적으로 생각하는 학생 – 부정적으로 생각하는 학생)
4) 기숙사에 사는 것은 단점이 너무 많아요. (단점 – 장점)
5) 요즘 커피숍에 손님이 없어서 걱정이에요. (손님이 많을 때 – 그렇지 않을 때)
6) 이번에 제가 응원하는 야구팀이 져서 너무 실망했어요. (이길 때 – 질 때)

2. 다음과 같이 대화해 봅시다.

> **가:** 요즘 대학생들은 방학에 보통 무엇을 합니까?
> **나:** 어떤 학생은 여행을 가는가 하면 어떤 학생은 아르바이트를 합니다.
> **가:** 그렇군요. 대학생들은 보통 어디로 여행을 갑니까?
> **나:** 긴 방학을 이용해서 유럽 여행을 다녀오는 학생들이 많습니다.
> ⋮

요즘 대학생들은 방학에 보통 무엇을 합니까?

유학생들은 보통 아르바이트를 어떻게 구합니까?

○○ 씨 나라에서는 사람들이 보통 연휴에 무엇을 합니까?

요즘 젊은 사람들은 결혼하는 것에 대해서 어떻게 생각합니까?

주민들이 집 근처에 백화점이 생기는 것에 대해서 어떻게 생각합니까?

요즘 젊은 사람들은 문신에 대해서 어떻게 생각합니까?

3. 아래 주제에 대해서 반 친구들이 어떻게 생각하는지 다양한 의견을 조사해 봅시다. 그리고 그 결과를 발표해 봅시다.

우리 반 친구들이 중요하게 생각하는 점

	마리 씨	____ 씨	____ 씨	____ 씨	____ 씨	____ 씨	____ 씨
이성 친구를 사귈 때 (외모, 성격, 직업…)	성격						
일을 찾을 때 (월급, 흥미, 적성…)	흥미						
휴대 전화를 살 때 (가격, 디자인, 브랜드…)	가격						
여행지를 고를 때 (비용, 경치, 음식…)	경치						
집을 구할 때 (월세, 위치, 시설…)	시설						

우리 반 친구들은 이성 친구를 사귈 때 뭘 중요하게 생각하나요?

어떤 친구들은 성격을 중요하게 생각하는가 하면…

말하기

- 여러분은 가치관에 대해서 자신의 의견을 말하거나 상대방의 의견에 반대할 때 어떻게 말합니까?
- 다음 표현을 사용해서 말해 봅시다.

사용할 수 있는 상황	표현
생각 말할 때	-ㄴ다는/는다는/다는 생각을 했어요
반대할 때	-ㄴ다고/는다고/다고 해서 다 -는/(으)ㄴ 건 아니에요
근거 말할 때	-(으)니까요
다양한 상황 설명할 때	이/가 있는가 하면 ~도 있어요
동의할 때	들어 보니 그 말도 맞네요

가

__ㄴ다는/는다는/다는 생각을 했어요.
(돈이 많다면 행복할 것 같다)

→

나

__ㄴ다고/는다고/다고 해서 다 __는/(으)ㄴ 건 아니에요.
(돈이 많다 - 행복하다)

↓

__(으)니까요.
(돈으로 살 수 없는 것들도 많다)

↓

__이/가 있는가 하면 __도 있어요.
(돈이 많아서 행복한 사람 - 그렇지 않은 사람)

←

가

들어 보니 그 말도 맞네요.

- 다음 대화를 들어 봅시다. 05-1

바트 마리 씨, 뭘 그렇게 생각해요?

마리 돈이 많다면 행복할 것 같다는 생각을 했어요. 그럼 하고 싶은 것을 모두 할 수 있을 테니까요.

바트 글쎄요, 돈이 많다고 해서 다 행복한 건 아니에요.

마리 어떤 점에서요?

바트 돈으로 살 수 없는 것들도 많으니까요. 돈이 많아서 행복한 사람이 있는가 하면 그렇지 않은 사람도 있어요.

마리 들어 보니 바트 씨 말도 맞네요. 그럼 행복한 삶을 위해서 가장 중요한 것은 뭘까요?

바트 사람마다 가치관이 다르지만 저는 편한 마음과 건강이 제일 중요하다고 봐요. 아프면 모든 일이 귀찮고 하기 힘들어지니까요.

마리 맞아요. 저도 먼 데서 행복을 찾지 말고 가까운 곳에서 찾아야겠어요.

1. 확인해 봅시다.

1) 두 사람은 무엇에 대해서 이야기합니까?

2) 처음 마리의 의견에 대해 바트는 뭐라고 반대했습니까?

3) 바트는 행복한 삶을 위해서 무엇이 가장 중요하다고 생각합니까?

2. 대화를 바꿔 말해 봅시다.

돈이 많다면 행복하다 / 하고 싶은 것을 모두 할 수 있다	돈으로 살 수 없는 것들도 많다 / 돈이 많아서 행복한 사람 – 그렇지 않은 사람	행복한 삶을 위해서	편한 마음과 건강 / 아프면 모든 일이 귀찮고 하기 힘들어지다	먼 데서 행복을 찾지 말고 가까운 곳에서 찾다
이성 친구가 유머 감각이 있다면 좋다 / 만날 때마다 즐겁다	사귀다 보면 여러 상황이 많이 생기다 / 유머 감각이 필요할 때 – 다른 게 더 중요할 때	이성 친구를 선택할 때	성격이 잘 맞는 것 / 성격이 잘 맞지 않으면 자주 싸울 수 있다	성격이 잘 맞는 남자 친구를 찾아보다
대기업에 다닌다면 좋다 / 월급을 많이 받다	일도 많다 / 대기업에 다녀서 좋은 점 – 안 좋은 점	직업을 선택할 때	좋아하는 일을 찾는 것 / 흥미가 없으면 일도 하기 싫다	무슨 일을 재미있게 할 수 있을지 고민해 보다

말하기 활동

● 토론할 때 필요한 표현을 알아보고 아래의 주제에 대해 토론해 봅시다.

1. 토론할 때 필요한 표현을 알아봅시다.

주장 말하기

- ✓ 제 생각에는…
- ✓ 저는 –ㄴ다고/는다고/다고 봅니다/생각합니다
- ✓ 저는 ~에 찬성합니다/반대합니다

근거 말하기

- ✓ 왜냐하면 –기 때문입니다
- ✓ 에 의하면 –ㄴ다고/는다고/다고 합니다
- ✓ –(으)니까요

주장에 반대하기

- ✓ 저는 –ㄴ다는/는다는/다는 의견에 반대합니다
- ✓ 제 생각은 조금 다릅니다
- ✓ –ㄴ다고/는다고/다고 해서 –는/(으)ㄴ 것은 아닙니다
- ✓ 이/가 있는가 하면 ~도 있습니다

주장에 동의하기

- ✓ 저도 –ㄴ다는/는다는/다는 의견에 동의합니다
- ✓ 제 생각도 ○○ 씨와 비슷합니다
- ✓ ○○ 씨의 의견에 부분적으로 동의합니다
- ✓ 들어 보니 그 말도 맞습니다

2. 3~4명이 한 팀이 되어 아래의 주제에 대해 토론해 봅시다.

주제	찬성	반대
• 조기 유학에 대해 어떻게 생각합니까?	□	□
• 대학교에 꼭 가야 한다고 생각합니까?	□	□
• 국제결혼에 대해서 어떻게 생각합니까?	□	□
• 성형 수술에 대해서 어떻게 생각합니까?	□	□

듣고 말하기

- 준비해 봅시다.

  - 여러분은 상대방을 위해서 거짓말을 해 본 적이 있습니까?
  - 어떤 거짓말이었습니까?

들어 봅시다 1

- 다음 대화를 들어 봅시다. 05-2

1. 다음의 뜻을 쓰십시오.

하얀 거짓말	
새빨간 거짓말	

2. 맞는 것에 모두 ✓ 표시를 하십시오.

□ 남자의 친구는 남자가 거짓말을 해서 화가 났다.
□ 남자는 친구를 속여서 기분이 별로 안 좋다.
□ 여자는 좋은 의도로 하는 거짓말이 필요하다고 생각한다.

새 단어
의도　　남　　속이다　　위하다　　새빨간 거짓말　　뻔하다　　아

들어 봅시다 2

- 다음 토론을 들어 봅시다. 05-3

1. 무엇에 대한 내용입니까?

2. 맞는 것에 모두 ✓ 표시를 하십시오.

□ 여자는 착한 거짓말이 좋은 영향을 줄 수 있다고 말한다.
□ 남자는 거짓말을 하는 것이 옳지 않다고 생각한다.
□ 여자는 남자의 의견에 전혀 동의하지 않는다.

3. 다음 내용을 쓰십시오.

여자의 주장

착한 거짓말에 (□ 찬성 □ 반대)

주장의 근거

1. 다른 사람을 배려하는 행동이다.
2.
3.

남자의 주장

착한 거짓말에 (□ 찬성 □ 반대)

주장의 근거

1. 좋은 뜻으로 하는 거짓말도 거짓말이다.
2.

4. 다음을 듣고 발음에 주의하면서 따라 해 봅시다. 05-4

1) 이렇게 착한 거짓말을 하는 것이 옳은 일일까요? [오른 닐]

2) 긍정적인 영향을 무시할 수 없습니다. [긍정저긴 녕향]

3) 어제 한 얘기 생각나요? [한 내기]

4) 머리가 아프면 두통약을 드세요. [두통냐글]

새 단어

불치병 반대 실망 병 연구 찬성 설득력 추가

말해 봅시다

● 착한 거짓말에 대한 여러분의 생각은 어떻습니까? 표 위에 자신의 의견을 표시하고 그 이유를 말해 봅시다.

매우 옳다 – 조금 옳다 – 중간 – 조금 옳지 않다 – 전혀 옳지 않다

문법 3 대로

1. 다시 들어 봅시다. 05-5

> 찬성 측은 **찬성 측대로** 반대 측은 **반대 측대로** 설득력 있는 말씀이었습니다. 혹시 두 분 의견에 추가로 더 말씀하실 분 계십니까?

2. 다음과 같이 말해 봅시다.

1) **가:** 재활용 쓰레기를 모두 같이 버려도 돼요? (종이 – 병)
   나: 아니요, 종이는 종이대로 병은 병대로 따로 버려야 해요.
2) **가:** 옷을 어떻게 정리할까요? (여름옷 – 겨울옷)
   나: 계절에 따라 ______________________ 정리하세요.
3) **가:** 남자와 여자는 여러 가지 점에서 많이 다른 것 같아요. (남자 – 여자)
   나: 맞아요. 그래서 ______________________ 서로를 이해하기가 어려워요.
4) **가:** 살 곳을 정해야 하는데 기숙사가 좋을까요? 원룸이 좋을까요? (기숙사 – 원룸)
   나: 글쎄요, ______________________ 장단점이 있어요.
5) **가:** 기숙사 문제가 해결되지 않고 있네요. 학교 측은 무슨 생각인지 모르겠어요. (학교 측)
   나: ______________________ 최선을 다하고 있을 거예요.
6) **가:** 부자들은 돈 걱정을 안 해도 되니까 좋겠어요. (부자)
   나: 하지만 부자라고 해서 걱정이 없는 것은 아니에요. ______________________.

3. 아래의 내용에 대해 물어보는 친구에게 다음과 같이 여러 경우를 말해 주면서 대화해 봅시다.

한국 유학

- □ 고향에서 미리 한국어를 공부하는 방법(학원 / 인터넷 강의)
- □ 도시(서울 / 지방 도시)
- □ 대학교(국민대 / ○○대)
- □ 살 곳

⋮

고향 여행

- □ 여행하기 좋은 달
- □ 숙박할 곳
- □ 할 것
- □ 먹을 만한 음식
- □

⋮

가: 나도 한국에 유학을 가기로 결정했어.
나: 그래? 잘됐네. 곧 볼 수 있겠구나.
가: 응, 그런데 한국에 가기 전에 미리 좀 공부하고 싶은데 학원을 다니는 게 좋을까? 인터넷 강의를 듣는 게 좋을까?
나: 글쎄, 학원은 학원대로 직접 한국어를 연습해 볼 수 있어서 좋고 인터넷 강의는 인터넷 강의대로 편리하게 공부할 수 있어서 좋아.

⋮

문법 4 -기 마련이다

1. 다음 문장을 읽어 봅시다.

> 사람들의 외모가 다 다른 것처럼 사람마다 가지고 있는 생각도 모두 **다르기 마련이다.**

2. 다음과 같이 말해 봅시다.

1) **가:** 처음에는 불편한 게 많았는데 지금은 한국이 제 고향 같아요. (시간이 지나면 익숙해지다)
   나: 저도 그래요. 모든 것은 시간이 지나면 익숙해지기 마련이에요.
2) **가:** 저는 친구를 위해서 한 말인데 친구가 화가 났어요. (진심은 통하다)
   나: ______________________. 시간이 지나면 친구도 ○○ 씨의 마음을 이해할 거예요.
3) **가:** 세탁기가 고장 났네요. 10년쯤 사용했는데 어떻게 할까요? (오래 사용하면 고장 나다)
   나: 새로 사세요. ______________________.
4) **가:** 제 생각이 맞는 것 같은데 동생은 자꾸 아니라고 해서 서로 기분이 상했어요.
   나: ______________________. 그러니까 서로의 차이를 인정해야 해요.
5) **가:** 백화점에 갔는데 예쁜 가방을 보고 또 사 버렸어요. 집에 가방도 많은데요.
   나: ______________________. 그러니까 백화점에 안 가는 게 좋아요.
6) **가:** 어제 고향에 있는 친구와 오랜만에 통화했는데 좀 어색하더라고요.
   나: ______________________. 전화라도 자주 하세요.

3. 아래 상황을 보고 다음과 같이 대화해 봅시다.

친구의 상황	나의 생각
아르바이트 첫날 실수를 많이 했다.	누구든지 처음에는 실수한다.
한국어능력시험에서 원하던 급을 받지 못했다.	열심히 하다 보면 좋은 결과가 생긴다.
남자 친구/여자 친구와 헤어졌다.	시간이 지나면 괜찮아진다.
반 친구가 얘기할 때 내가 계속 휴대 전화만 봐서 친구가 화가 많이 났다.	진심으로 사과하면 상대방도 화를 푼다.

가: ○○ 씨, 표정이 안 좋은데 무슨 일 있어요?
나: 사실 어제 아르바이트 첫날이었는데 일을 하다가 실수를 많이 했어요.
가: 누구든지 처음에는 실수하기 마련이에요. 그러니까 사장님도 이해하실 거예요.
나: 정말 그럴까요?

⋮

읽고 말하기

준비해 봅시다.

- 다음 중 무엇이 사람들의 생각에 영향을 준다고 봅니까?

□ 성별　□ 나이　□ 지역　□ 국적
□ 성격　□ 직업　□ 부모　□ ______

- 다음 질문에 대한 여러분의 대답을 말해 봅시다.

1. 이성 친구에게 의미 있는 초콜릿을 선물해야 한다면 어떻게 하겠습니까?

□ 재료를 사서 직접 만든다.
□ 비싼 최고급 초콜릿을 산다.

2. 이 선생님은 왜 화가 난 것 같습니까?

□ 학생들이 말을 듣지 않아서
□ 오늘 아침에 있었던 기분 나쁜 일이 생각나서

읽어 봅시다 1

다음 글을 읽어 봅시다.

- 이성 친구에게 의미 있는 초콜릿을 선물해야 한다면 어떻게 하겠습니까?

남자

이성 친구에게 의미 있는 초콜릿을 선물해야 한다면 남자들은 보통 비싼 최고급 초콜릿을 살 것이다. 왜냐하면 남자는 일의 과정보다 목표를 이루는 것을 중시하기 때문이다. 그래서 선물을 할 때도 준비하는 과정보다 선물이라는 목표에 의미를 둔다. 그러므로 비싸고 품질 좋은 선물을 하면 목표를 가장 잘 이루었다고 생각하는 것이다.

여자

이성 친구에게 의미 있는 초콜릿을 선물해야 한다면 여자들은 보통 재료를 사서 정성껏 만든 초콜릿을 선물할 것이다. 왜냐하면 남자에 비해 여자는 어떤 일을 할 때 과정을 중시하기 때문이다. 그래서 선물을 할 때도 비싼 선물보다 직접 만든 선물에 의미를 둔다. 여자들은 재료를 고르고 선물을 만드는 동안 들어간 노력의 과정을 중요하게 생각하는 것이다.

- 이 선생님은 왜 화가 난 것 같습니까?

동양인

위의 물음에 다수의 동양인은 '학생들이 선생님 말을 듣지 않아서'라고 대답한다. 이것은 다른 사람과의 '관계'를 중시하는 동양인의 사고방식 때문이다. 이런 사고방식으로 인해 동양인은 개인의 감정이 바뀌는 이유도 남들과의 관계 속에서 찾는다. 그러므로 선생님이 화가 난 이유도 선생님을 둘러싸고 있는 학생들 때문이라고 추측하는 것이다.

서양인

서양인은 기분 나쁜 일이 생각나서 선생님이 화가 났다고 대답하는 사람이 많다. 이것은 개개인이 따로 떨어져 있다고 생각하는 서양인의 사고방식 때문이다. 이런 사고방식으로 인해 서양인은 개인의 감정이 바뀌는 이유도 자신 안에서 먼저 찾는다. 그러므로 선생님이 화가 났다면 학생들과의 관계 때문이 아니라 선생님 개인의 문제 때문이라고 추측하는 것이다.

1. 무엇에 대한 내용입니까?

2. 각 질문에 대한 사람들의 대답과 그렇게 대답한 이유를 쓰십시오.

1) 이성 친구에게 의미 있는 초콜릿을 선물해야 한다면 어떻게 하겠습니까?

	대답	이유
남자		
여자		

2) 이 선생님은 왜 화가 난 것 같습니까?

	대답	이유
동양인		
서양인		

3. 맞는 것에 모두 ✔ 표시를 하십시오.

☐ 남자는 선물을 사러 다니는 과정을 중요하게 생각한다.
☐ 여자는 선물할 때 정성껏 준비하는 것을 중요하게 생각한다.
☐ 동양인은 관계를 중요하게 생각하기 때문에 문제의 이유를 다른 사람에게서 찾는다.
☐ 서양인은 주변 상황에 따라 자신이 달라진다고 생각한다.

새 단어

최고급 중시하다 두다 그러므로 정성껏 동양인 사고방식 둘러싸다 서양인
개개인

읽어 봅시다 2

● 다음 글을 읽어 봅시다.

'틀림'이 아니라 '다름'

며칠 전 오랜만에 영화를 봤다. 요즘 큰 인기를 끌고 있는 영화라서 기대를 많이 하고 극장에 갔다. 그런데 기대가 크면 실망도 크기 마련인가 보다. 멋진 주인공, 화려한 장면, 아름다운 음악 등 인기를 끌 만한 이유는 많았지만 전체적인 이야기의 완성도가 좀 부족하다는 생각이 들었다. 나는 영화를 보고 집에 와서 인터넷 게시판에 느낀 점을 남겼다. 그런데 일부 네티즌들이 그 글을 읽고 나를 심하게 비난하는 댓글을 썼다. 그 사람들은 영화에 대한 내 의견이 틀렸다고 하면서 화를 냈고 댓글을 읽은 나도 기분이 상했다.

그 사람들은 왜 내가 틀렸다고 생각하는 것일까? 그것은 자신과 의견이 다르면 틀린 것이라고 잘못 생각하고 있기 때문이다. 이런 모습은 사실 우리 주변에서 자주 볼 수 있다. 사람들을 만나 대화를 나누다가 보면 자신과 다른 의견을 부정적으로 받아들일 때가 많다. 우리 사회에는 옳고 그름, 이 두 가지로 나눌 수 없는 것들이 많은데도 사람들은 모든 일을 맞는 것과 틀린 것으로 나누려고 한다.

내가 맞고 상대방이 틀렸다고 생각하면 상대방 의견은 무시하고 자신의 생각만 강요하게 된다. 이렇게 되면 갈등이 생기고 싸움이 일어나기 쉽다. 주변에서 자주 볼 수 있는 말다툼부터 나라와 나라 사이의 전쟁까지 크고 작은 싸움들을 살펴보면, 모두 생각의 차이를 인정하지 못해서 시작된 것이었다. 이렇게 서로의 다름을 인정하지 못한다면 우리 사회의 갈등은 점점 심해지고 사람들이 어울려 살기 어려워질 것이다.

사람들의 외모가 다 다른 것처럼 사람마다 가지고 있는 생각도 모두 다르기 마련이다. 같은 영화를 보고 감동을 받는 사람이 있는가 하면 그렇지 않은 사람도 있다. 그렇다고 해서 비난할 수는 없다. 다르다는 것은 틀린 것도, 이상한 것도 아니기 때문이다. 이러한 생각으로 우리는 조금 더 마음을 열고 편견 없이 다양한 의견에 귀를 기울일 필요가 있다. 서로의 생각을 나누고 이해하는 과정을 통해 자신도 더 발전하고 우리 사회도 더 나은 사회가 될 것이다.

1. 각 단락의 주요 내용을 정리하십시오.

단락	주요 내용
1단락	일부 네티즌들이 영화에 대한 내 의견을 비난했다.
2단락	
3단락	
4단락	

2. 맞는 것에 모두 ✓ 표시를 하십시오.

□ 글쓴이는 영화를 본 후에 아주 만족했다.
□ 자신과 생각이 다르면 틀렸다고 말해도 된다.
□ 갈등이 생겼을 때는 자신의 생각을 강요해야 해결할 수 있다.
□ 개인과 사회가 발전하려면 다양한 생각들을 나누는 과정이 필요하다.

3. 이 글의 중심 생각은 무엇입니까?

새 단어

장면 완성도 네티즌 갈등 전쟁

말해 봅시다

● 상대방의 '다름'을 인정하는 표현을 생각해 봅시다.

상대방의 '다름'을 인정하는 표현	
✓ 그래, 네 말도 맞아	✓ 너는 그렇게 생각하는구나. 내 생각은 좀 다른데…
✓ ○○ 씨 의견도 설득력이 있습니다	✓ ○○ 씨처럼 생각할 수도 있을 것 같아요

● 다음 주제에 대해 친구들과 서로의 생각을 나눠 봅시다. 이야기하는 동안 상대방의 '다름'을 인정하는 표현을 사용해 봅시다.

부모님께서 반대하시는 전공
1. 선택해야 한다.
2. 포기해야 한다.

학생을 힘들게 하는 시험
1. 필요하다.
2. 필요 없다.

가끔 이유 없이 연락이 안 되는 이성 친구
1. 계속 사귀어야 한다.
2. 헤어져야 한다.

MEMO

06

여행과 휴식

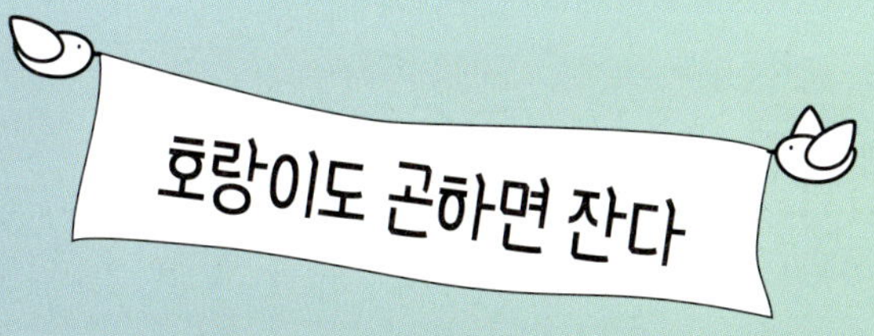

어휘·표현

여행과 휴식 관련 어휘

말하기

문법 -(으)ㄹ 겸

-던가요?

여행지 소개하기

말하기 활동

여행 상품 만들어서 광고하기

듣고 말하기

여행 일정에 대한 안내 듣기

여행 제안에 대한 대화 듣기

문법 -아다가/어다가

읽고 쓰기

템플 스테이 기행문 읽기

문법 -듯이

06과 여행과 휴식

준비

- 기억에 남는 여행이 있습니까? 그 여행이 왜 기억에 남습니까?
- 여러분은 충분히 쉽니까? 쉴 때 주로 무엇을 합니까?

어휘 · 표현

1. 여행지에서 사람들이 무엇을 하는지 알아봅시다.

유적지를 둘러보다	기념품을 사다
색다른 체험을 하다	맛집을 찾아가다
박물관을 관람하다	모험을 즐기다
휴양하다	새로운 사람을 사귀다
관광 명소를 찾다	공연을 관람하다

- 여러분은 여행지에서 무엇을 해 봤습니까? 그것을 했을 때 어땠습니까?
- 여러분은 여행지에서 무엇을 해 보고 싶습니까? 왜 그것이 하고 싶습니까?

2. 여행에서 느꼈던 것을 어떻게 표현하는지 알아봅시다.

신기하다	매력적이다
바가지를 쓰다	이국적이다
경치가 예술이다	기대에 못 미치다
일정이 빠듯하다	가슴이 뻥 뚫리다
체험하지 못해 아쉽다	음식 맛이 일품이다

좋았던 느낌	나빴던 느낌

- 여행지에서 좋았던 경험이 있습니까? 어떤 느낌이 들었습니까?
- 잊고 싶은 여행이 있습니까? 왜 그 여행이 잊고 싶습니까?

3. 현대인들이 겪는 문제와 그것을 해결하는 방법을 알아봅시다.

현대인이 겪는 문제와 감정	→	해결 방법과 그 후의 느낌
과로하다 일에 쫓기다 스트레스를 받다 무기력하다 기운이 없다 우울하다 지치다	→	휴식을 취하다 명상하다 기분을 전환하다 마음이 안정되다 지친 몸/마음이 치유되다

- 요즘 여러분이 겪고 있는 문제는 무엇입니까? 그것으로 인해 몸과 마음이 어떻습니까?
- 몸과 마음이 지쳤을 때 무엇을 하는지 말해 봅시다.

문법 1 -(으)ㄹ 겸

동아리에 가입했다면서요?

네, 운동도 할 겸 친구도 사귈 겸 태권도 동아리에 들었어요.

1. 다음과 같이 말해 봅시다.

가: 왜 도서관에 가요?

나: 책도 반납할 겸 발표 자료도 찾을 겸 도서관에 가요.

1) 왜 도서관에 가요? (책을 반납하다 – 발표 자료를 찾다)
2) 이번 방학에 경주에 가기로 했어요? (유적지를 둘러보다 – 관광을 하다)
3) 밤이 늦었는데 왜 밖에 나가요? (소화를 시키다 – 산책을 하다)
4) 무슨 일로 전화를 했어요? (안부를 묻다 – 목소리를 듣다)
5) 다음 주에 일본에 간다면서요?
6) 주말인데 뭐 할 거예요?

2. 다음과 같이 대화해 봅시다.

가: 지난 주말에 뭐 했어요?

나: 기분도 전환할 겸 남이섬에 다녀왔어요.

가: 그래요? 가을이라서 남이섬이 볼 만했겠어요.

나: 단풍은 아름다웠는데 사람들이 너무 많아서 복잡하더라고요.

⋮

지난 주말에 뭐 했어요?

방학 계획 세웠어요?

요즘 한국 전통 춤을 배운다면서요?

오랜만에 모였는데 어디에 갈까?

학교 공부도 힘들 텐데 왜 아르바이트를 시작했어요?

학교에서 집까지 먼데 왜 걸어 다녀요?

3. 이번 학기 문화 체험으로 어디에 가면 좋겠습니까? 거기에 가는 목적을 생각하면서 이야기해 봅시다. 그리고 다른 친구들이 정한 장소를 듣고 가장 좋은 장소를 골라 봅시다.

장소

목적

날짜

활동

점심 메뉴

이번 학기 문화 체험은 어디에 가는 것이 좋을까요?

한국 역사도 알아볼 겸…

문법 2 -던가요?

한라산 어땠어요? 멋있던가요?

눈이 내려서 진짜 멋있던데요.

1. 다음과 같이 말해 봅시다.

가: 주말에 우리 반 친구들한테 고향 음식을 만들어 줬어요.
나: 그래요? 친구들이 잘 먹던가요?

1) 주말에 우리 반 친구들한테 고향 음식을 만들어 줬어요. (친구들이 잘 먹다)
2) 토요일에 제가 좋아하는 가수가 나오는 뮤지컬을 봤어요. (노래 실력이 뛰어나다)
3) 머리를 자르러 미용실에 갔다가 그냥 돌아왔어요. (미용실이 쉬는 날이다)
4) 바트 씨 동아리에서 하는 사진 전시회에 갔다 왔어요. (사람들이 많이 보러 왔다)
5) 고향에서 부모님이 오셔서 N 서울 타워를 구경시켜 드렸어요.
6) 어제 간토야 씨가 입원한 병원에 다녀왔어요.

2. 다음과 같이 대화해 봅시다.

가: 지난 방학에 휴양도 할 겸 필리핀에 다녀왔어요.
나: 좋았겠어요. 거기는 많이 덥던가요?
가: 더울 줄 알았는데 생각보다 괜찮던데요.
나: 음식은 어떻던가요?
가: 아주 맛있더라고요. 한국에서 먹어 볼 수 없는 과일도 많고요.
⋮

지난 방학에 휴양도 할 겸 필리핀에 다녀왔어요.

그저께 회사 면접시험을 봤어요.

지난주에 소개팅을 했어요.

어제 처음으로 한국 요리를 만들어 봤어요.

주말에 남이섬에 가서 번지 점프를 했어요.

일요일에 선생님 결혼식에 다녀왔어요.

3. 여러분이 경험한 특별한 일에 대해서 이야기해 봅시다.

여행	공연	사람
운동		음식

가수 '은아'를
실제로 봤어요.

그래요?
TV에서 볼 때처럼
얼굴이 작던가요?

말하기

- 여러분은 여행지를 추천하거나 추천을 받을 때 어떻게 말합니까?

- 다음 표현을 사용해서 말해 봅시다.

사용할 수 있는 상황	표현
목적 말할 때	-(으)ㄹ 겸 -(으)ㄹ 겸 -(으)ㄹ 거예요
추천받을 때	뭐가 -(으)ㄹ 만하던가요?
추천할 때	이/가 제일이지요. 한번 -아/어 보세요
소개할 때	-는데/(으)ㄴ데 -아요/어요

가

__(으)ㄹ 겸 __(으)ㄹ 겸 __(으)ㄹ 거예요.
(바다도 보다 - 기분 전환도 하다 - 속초에 다녀오다)

↓

거기는 뭐가 __(으)ㄹ 만하던가요?
(먹다)

→

나

__이/가 제일이지요.
한번 __아/어 보세요.
(물회 / 먹다)

↓

__는데/(으)ㄴ데 __아요/어요.
(속초의 대표적인 음식이다 - 맛이 일품이다)

- 다음 대화를 들어 봅시다. 06-1

투안 이리나 씨, 속초로 여행을 간 적이 있다고 했지요? 저도 이번 연휴에 바다도 볼 겸 기분 전환도 할 겸 속초에 다녀올 거예요.

이리나 속초 좋지요. 속초는 볼거리도 다양하고 먹을거리도 풍부해요.

투안 그래요? 거기는 뭐가 먹을 만하던가요?

이리나 속초는 물회가 제일이지요. 한번 먹어 보세요.

투안 물회가 뭐예요?

이리나 속초의 대표적인 음식인데 맛이 일품이에요.

투안 그래요? 꼭 먹어 볼게요. 바다는 어떻던가요?

이리나 좋더라고요. 그리고 설악산 경치가 예술이던데요. 케이블카를 타고 올라가니까 힘들지 않고요.

투안 그렇군요. 이리나 씨 덕분에 잘 다녀올 수 있겠어요. 올 때 이리나 씨 선물도 사 올게요.

1. 확인해 봅시다.

1) 투안은 왜 속초에 가려고 합니까?

2) 이리나는 무슨 음식을 추천했습니까? 왜 추천했습니까?

3) 이리나는 어디에 가 보라고 했습니까? 왜 가 보라고 했습니까?

2. 대화를 바꿔 말해 봅시다.

속초	바다를 보다 – 기분 전환을 하다	물회	설악산 경치가 예술이다	케이블카를 타고 올라가니까 힘들지 않다
부산	해운대를 구경하다 – 부산에 있는 친구를 만나다	어묵	자갈치 시장이 신기하다	해산물 종류도 많고 값도 싸다
경주	유적지를 둘러보다 – 한국 문화를 체험하다	경주빵	왕릉이 인상적이다	여러 유물도 구경할 수 있다
제주도	한라산에 올라가다 – 제주도 음식을 맛보다	흑돼지 삼겹살	올레길이 매력적이다	바다를 따라 걸으면 마음도 안정되다

말하기 활동

● 여행 상품을 만들어서 광고를 해 봅시다.

1. 홈쇼핑에서 판매할 여행 상품 광고를 만들어 봅시다.

2. 홈쇼핑의 진행자가 되어 여행 상품을 판매해 봅시다.

3. 각 여행 상품을 평가한 후 선택해 봅시다.

	상품 1	상품 2	상품 3	상품 4	상품 5
음식	☆☆☆☆☆	☆☆☆☆☆	☆☆☆☆☆	☆☆☆☆☆	☆☆☆☆☆
숙소	☆☆☆☆☆	☆☆☆☆☆	☆☆☆☆☆	☆☆☆☆☆	☆☆☆☆☆
비용	☆☆☆☆☆	☆☆☆☆☆	☆☆☆☆☆	☆☆☆☆☆	☆☆☆☆☆
일정	☆☆☆☆☆	☆☆☆☆☆	☆☆☆☆☆	☆☆☆☆☆	☆☆☆☆☆
혜택	☆☆☆☆☆	☆☆☆☆☆	☆☆☆☆☆	☆☆☆☆☆	☆☆☆☆☆

듣고 말하기

● 준비해 봅시다.

- 제주도에 가 본 적이 있습니까?
- 제주도는 무엇으로 유명합니까?

들어 봅시다 1

● 다음 대화를 들어 봅시다. 06-2

1. 대화를 하는 사람들은 누구입니까?

2. 무엇에 대한 내용입니까?

3. 다음 날 일정을 순서대로 쓰십시오.

(   )

(   )

(①)

(   )

4. 맞는 것에 모두 ✓ 표시를 하십시오.

□ 오늘 한라산 관광을 다녀왔다.
□ 귤 따기 체험 장소에서는 귤을 사서 보낼 수 있다.
□ 점심을 먹으러 가면서 바다를 구경할 것이다.
□ 목장에서 하는 모든 체험은 무료이다.
□ 가이드가 호텔 주변의 회를 파는 곳을 알려 줬다.
□ 내일 아침에 여행객들이 다 같이 식사를 한다.

새 단어

각자	귤	잠수함	목장	비닐봉지	가져가다	해안	이동하다	푸르다
달리다	바닷속	물고기	먹이	촬영	회	조식	가이드	여행객

들어 봅시다 2

● 다음 대화를 들어 봅시다. 06-3

1. 남자는 요즘 어떻습니까?

2. 여자는 요즘 어떻습니까?

3. 맞는 것에 모두 ✓ 표시를 하십시오.

   □ 남자는 지난 여행의 일정이 너무 많았다고 생각한다.
   □ 남자는 지금 우울증에 걸려 힘들어한다.
   □ 여자와 남자는 함께 템플 스테이를 할 것이다.

4. 다음을 듣고 끊어 읽기에 주의하면서 따라 해 봅시다. 06-4

   1) 그리고 이번 학기 내내 기운도 없네요.
   2) 그래서 다음 주에 가려고 하는데 같이 갈래요?
   3) 그러면 뭐 좋은 방법이라도 있어요?
   4) 그러니까 걱정하지 않으셔도 됩니다.

새 단어

우울증　　산속　　절　　치유하다

말해 봅시다

● 현대 사회에서는 일과 스트레스로 사람들의 몸과 마음이 병들고 있습니다. 몸과 마음을 치유하는 방법에는 어떤 것들이 있는지 말해 봅시다.

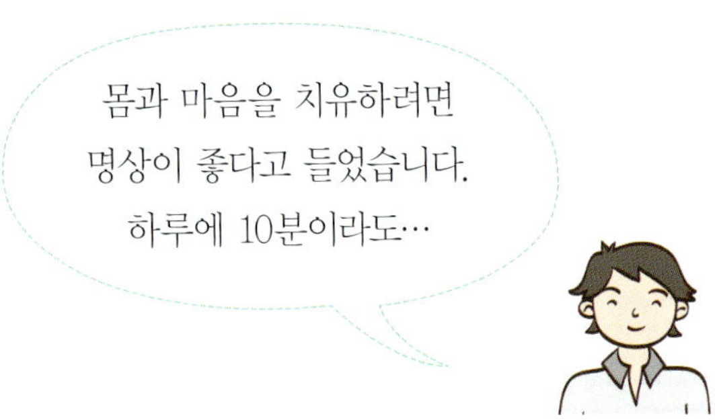

문법 3 -아다가/어다가

1. 다시 들어 봅시다. 06-5

> 조금만 걸어가시면 해산물 식당이 많으니까 거기에서 **사다가** 드실 수 있습니다.

2. 다음과 같이 말해 봅시다.

1) **가:** 시원한 콜라 한 잔 마시고 싶네.
   나: 냉장고 안에 콜라 있던데 꺼내다가 마셔.
2) **가:** 고향에 가는데 어머니께 무슨 선물을 드리는 게 좋을까요?
   나: 한국의 인삼이 유명하니까 ____________________.
3) **가:** 배가 고픈데 요리하기가 너무 싫어.
   나: 집 앞에 햄버거 가게 생겼잖아. ____________________.
4) **가:** 알렉세이한테 받을 책이 있는데 언제 만나지?
   나: 어, 나 오늘 알렉세이 만나는데 ____________________.
5) **가:** 축제 때 입을 한복이 필요한데 생각보다 비싸네요.
   나: 투이 씨가 한복이 있던데 ____________________.
6) **가:** 복사할 게 있어서 잠깐 복사실에 갔다 올게요.
   나: 저도 복사할 게 있는데 ____________________.

3. 아래 상황을 보고 다음과 같이 대화해 봅시다.

- 커피를 마시고 싶은데 사러 갈 시간이 없다.
- 도서관에서 책을 빌려야 하는데 일이 많이 밀렸다.
- 햄버거가 먹고 싶은데 발표 준비 때문에 사러 갈 수 없다.
- 세탁소에서 오늘 옷을 찾아야 하는데 지금 바쁘다.

가: 나 편의점에 갔다 올게.
나: 어, 그럼 커피 좀 사다가 줄 수 있어? 졸린데 갈 시간이 없네.
가: 응, 사다가 줄게. 무슨 커피 마실 거야?
나: 아메리카노 부탁해. 그리고 배도 고픈데…
⋮

문법 4 -듯이

1. 다음 문장을 읽어 봅시다.

뭐든지 빨리 해야 한다고 생각했던 제 마음은 저 하늘의 구름이 **가듯이** 느리게 느리게 흐르고 있었습니다.

2. 알맞은 표현을 골라 다음과 같이 말해 봅시다.

비 오다　　눈 녹다　　밥 먹다　　불 보다　　물 쓰다　　가뭄에 콩 나다

1) **가:** 바트 씨가 또 유급했대요.
   나: 바트 씨는 가뭄에 콩 나듯이 학교에 오니까 당연하지요.
2) **가:** 날씨가 너무 더운데요. 시원한 물 한 잔만 주세요.
   나: 먼저 땀부터 좀 닦으세요. ____________________네요.
3) **가:** 용돈을 벌써 다 써 버렸어요.
   나: 항상 ____________________(으)니까 그렇지요. 돈 좀 아껴 쓰세요.
4) **가:** 이리나 씨하고 같이 다니는 것 보니까 화해했나 봐요.
   나: 네, 이리나 씨 이야기를 들어 보니까 섭섭한 마음이 ____________________더라고요.
5) **가:** 간토야 씨 남자 친구가 또 거짓말을 했대요.
   나: 정말요? 그렇게 ____________________는 사람을 왜 만나는지 모르겠어요.
6) **가:** 오늘도 민호 씨가 늦을까요?
   나: ____________________아요/어요. 민호 씨는 날마다 늦잖아요.

3. 알맞은 표현을 골라 다음과 같이 대화해 봅시다.

얼굴이 다르다　　아이를 키우다　　가수가 노래하다　　평소에 말하다

바트 씨랑 의견이 달라서 또 싸웠어요. 우리는 왜 항상 의견이 다를까요?

투이 씨 노래하는 거 봤어요? 생각했던 것보다 훨씬 잘하던데요.

내일 면접이 있는데 긴장돼서 말을 못 하면 어떻게 하지요?

요즘은 아이 대신에 강아지나 고양이를 키우는 집이 많아졌대요.

가: 바트 씨랑 의견이 달라서 또 싸웠어요. 우리는 왜 항상 의견이 다를까요?
나: 사람마다 얼굴이 다르듯이 생각도 다른 게 당연하지요.
가: 그래도 날마다 봐야 하는 사이니까 불편해요.
나: 그럼 언제 한번 마음을 열고 솔직하게 이야기해 보세요.

읽고 쓰기

● 준비해 봅시다.

● 절에 가 본 적이 있습니까? 그곳의 분위기가 어땠습니까?

읽어 봅시다

● 다음 기행문을 읽어 봅시다.

출퇴근길 자신의 모습을 본 적이 있나요? 아침에는 버스나 지하철을 타려고 정신없이 뜁니다. 많은 일을 끝내고 집으로 돌아오는 대중교통 안에서는 졸거나 지친 표정으로 멍하게 있습니다. 우리의 일상은 왜 이렇게 바쁘고 힘든 걸까요? 이유를 찾기도 어렵고 해결 방법을 찾기는 더 어렵습니다. 그래서 저는 여행을 떠나기로 했습니다. 어디로 가냐고요? 저를 찾아서 떠나는 여행, 템플 스테이입니다. 템플 스테이를 아세요? 템플 스테이는 말 그대로 절에 머무르면서 편히 쉬었다 오는 여행입니다.

일을 내려놓고 좀 쉴 생각으로 템플 스테이를 신청하고 산속에 있는 절로 향했습니다. 준비물은 아무것도 필요 없다고 해서 빈손으로 가볍게 출발했습니다. 절에 도착하니까 스님께서 나오셔서 템플 스테이의 목적과 주의 사항 등을 말씀해 주시고 그곳에서 입을 옷과 신발을 주셨습니다. 그리고 마지막으로 제 휴대 전화를 가지고 가시면서 자연과 자연 속에 있는 나만 바라보라고 하셨습니다.

먼저 절 주변을 산책하기로 했습니다. 자연을 보라고 하는 스님의 말씀을 듣고 오랜만에 하늘과 개울과 나무를 바라봤습니다. 그렇게 하자 자연이 여러 가지 소리와 색깔과 향기로 저에게 말을 걸었습니다. 그리고 저는 자신을 바라봤습니다. 무엇이 그렇게 급했던 것일까요? 무엇이 나를 힘들게 했던 것일까요? 이렇게 천천히 자신에게 물으니 제가 저의 친구가 되는 느낌이 들었습니다. 전에는 타인과 말하는 것만이 대화라고 생각했는데 아니었습니다. 대화는 자연하고도 할 수 있는 것이고 스스로하고도 나눌 수 있는 것이었습니다. 저녁이 되어 여러 채소로 만들어진 저녁 식사를 하고 나서 예불을 드렸습니다. 불교 신자는 아니지만 스님이 예불드리는 모습을 보니 마음이 편안해졌습니다. 그리고 내일의 이른 기상을 위하여 일찍 잠자리에 들었습니다.

새벽 4시 종소리에 잠이 깨어 이른 아침을 108배로 시작했습니다. 108배는 108번 절하면서 자신이 잘못한 108가지 일에 대해서 용서를 구한다는 의미입니다. 108배를 하는 동안 땀이 비 오듯이 흐르고 다리도 떨렸습니다. 하지만 마음은 다시 태어난 것 같았습니다. 몸을 움직여서 그런지 아침도 꿀맛 같았습니다. 집으로 갈 준비를 마치고 잠깐 개울 소리를 들으면서 혼자 차를 마시는데 새로운 사실을 알게 되었습니다. 어제까지만 해도 몇 분도 그냥 놓지 못했던 휴대 전화를 하루 동안 잊고 살았고, 뭐든지 빨리해야 한다고 생각했던 제 마음은 저 하늘의 구름이 가듯이 느리게 느리게 흐르고 있었습니다.

이곳에서 재미있는 것을 본 것도 특별한 것을 먹은 것도 아닙니다. 그냥 일상의 저를 잊고 제 안의 저를 만난 것입니다. 그런데 저는 지금 누구보다도 행복한 사람이 되어 일상으로 돌아가려고 합니다. 나를 찾아 떠나는 여행, 템플 스테이. 여러분도 한번 해 보지 않으시겠어요?

1. 글쓴이가 템플 스테이에서 한 것에 모두 ✓ 표시를 하십시오.

☐ 친구 사귀기	☐ 식사하기	☐ 예불드리기
☐ 운동하기	☐ 사진 찍기	☐ 차 마시기

2. 108배에 대해서 쓰십시오.

108배는 108번 ________________(으)면서 자신이 잘못한 108가지 일에 대해서 ________________ㄴ다는/는다는/다는 의미이다.

3. 템플 스테이 전과 후에 글쓴이가 어땠는지 맞는 것에 ✓ 표시를 하십시오.

템플 스테이 전	□ 일에 쫓겨서 지쳐 있었다. □ 바쁜 이유를 찾기 위해서 노력했다.
템플 스테이 후	□ 휴대 전화의 소중함을 알게 되었다. □ 마음에 여유가 생겼다.

4. 맞는 것에 모두 ✓ 표시를 하십시오.

□ 이 사람은 여러 가지 필요한 물건들을 챙겨서 절에 갔다.
□ 이 사람은 산책하다가 만난 사람들과 이야기를 나누었다.
□ 템플 스테이에서는 아침 일찍 하루를 시작한다.
□ 이 사람은 템플 스테이에 참가하기를 잘했다고 생각한다.

새 단어

기행문	출퇴근길	정신없이	멍하다	편히	내려놓다	향하다	빈손	스님
바라보다	개울	느낌	예불	불교	신자	기상	잠자리	종소리
배(108배)	절하다	잘못하다	용서	흐르다	꿀맛	빨리하다		

써 봅시다

기행문을 써 봅시다.

기행문에 대해서 알아봅시다.

① 기행문은 무엇입니까?

여행을 하면서 경험한 일이나 보고 듣고 느낀 것을 시간 순서대로 쓰는 글

② 기행문은 어떻게 씁니까?

시작	여행 목적, 기대감 등
중간	여행에서 있었던 일, 느낌 등
끝	여행 후의 느낌, 감동 등

③ 기행문을 쓸 때 주의할 점은 무엇입니까?

- 보고 들은 것을 사실대로 씀.
- 경험한 일보다 생각이나 느낌을 씀.

- 기행문에 들어갈 내용을 정리해 봅시다.

처음	
중간	
끝	

- 기행문을 써 봅시다.

쓰기 3 단락 쓰기

알아봅시다

- 문장과 단락에 대해 알아봅시다.

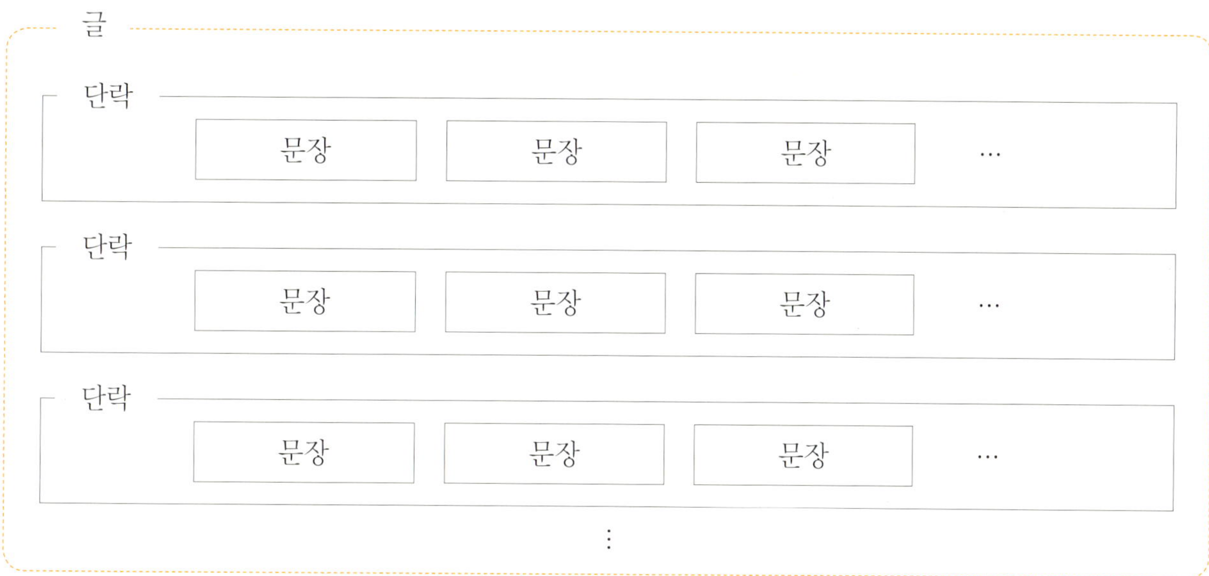

- 각 단락을 읽고 중심 문장과 뒷받침 문장을 알아봅시다.

한국에는 다양한 식사 예절이 있다. 그 예는 다음과 같다. 먼저 가장 나이가 많은 어른이 식사를 시작할 때까지 기다려야 한다. 어른보다 먼저 밥을 먹기 시작하면 안 된다. 두 번째로 밥을 다 먹어도 어른의 식사가 끝날 때까지 자리에서 일어나면 안 된다.

사람은 누구나 휴식이 필요하다. 왜냐하면 충분히 쉬어야 일상생활에 문제가 없기 때문이다. 휴식을 취하지 않으면 몸과 마음이 지치고, 일을 할 때도 효과적으로 할 수 없을 것이다. 또한 쉬지 않으면 피곤이 쌓이고 심해지면 건강을 해칠 수 있다.

학교 폭력이 심각해지고 있다. 학교 폭력 때문에 학교를 그만두는 학생도 있고, 심하면 자살을 하는 학생도 있다. 조사 결과에 따르면 학교 안에 무인 감시 카메라(CCTV)를 설치하면 학교 폭력을 줄일 수 있다고 한다. 따라서 학교 폭력을 예방하기 위해서 학교 안에 무인 감시 카메라(CCTV)를 설치해야 한다.

- 각 단락에는 중심 문장이 있어야 한다. 중심 문장이 없으면 내용을 정확하게 이해하기 어렵다.
- 뒷받침 문장은 중심 문장을 잘 이해할 수 있도록 도와주고 내용을 풍부하게 해 준다.

● 뒷받침 문장을 쓰는 여러 가지 방법을 알아봅시다.

예시	~ 등이 그 예이다 예를 들면, 예를 들어 그 예는 다음과 같다

- 한국에는 아름다운 산들이 많다. 서울의 남산, 강원도의 설악산, 제주도의 한라산 **등이 그 예이다.**
- 우리가 할 수 있는 봉사 활동은 다양하다. **예를 들면** 혼자 사는 노인들의 빨래를 해 드리는 것도 있고 집을 청소해 드리는 것도 있다.
- 숙면을 취하는 방법은 여러 가지가 있다. **그 예는 다음과 같다.** 먼저 따뜻한 물로 샤워를 하는 것이 좋다. 그리고 간단한 스트레칭도 도움이 된다.

부연·이유 설명	왜냐하면/그 이유는 -기 때문이다 -(으)면 -(으)ㄹ 수 있다/없다 -아야/어야 -(으)ㄹ 것이다

- 청소년들은 화장을 하지 않는 것이 좋다. **왜냐하면** 어린 나이에 화장을 하면 피부가 나빠지기 쉽**기 때문이다. 그뿐만 아니라** 외모를 꾸미는 데 시간과 돈을 많이 낭비하게 된다.
- 사람은 누구나 휴식이 필요하다. 쉬**지 않으면** 피곤이 쌓이고 심해지면 건강을 **해칠 수 있다.**
- 수업 시간에 모국어를 사용하면 안 된다. 한국어만 **사용해야** 한국어 실력을 기를 수 **있을 것이다.**

인용	에 따르면 -ㄴ다고/는다고/다고 한다 조사/연구 결과에 따르면/의하면 -ㄴ다고/는다고/다고 한다

- 환경을 지키기 위한 우리의 노력이 필요하다. 뉴스 보도**에 따르면** 지구 온난화가 작년에 비해 더 심해졌**다고 한다.**
- 명동은 외국인이 가장 가고 싶어 하는 곳이다. 서울시에서 외국인 관광객을 대상으로 **조사한 결과에 의하면** 가장 가고 싶어 하는 곳은 명동**이라고 한다.**

연습해 봅시다

● 중심 문장을 읽고 뒷받침 문장을 써 봅시다.

1. 예시

1) 우리 학교에는 편리한 시설들이 많다. ______________________

2) 유학 생활을 하면 다양한 경험을 쌓을 수 있다.

2. 부연·이유 설명

1) 학생들은 수업 시간에 핸드폰을 사용하지 말아야 한다. 왜냐하면

2) 어렸을 때부터 봉사 활동을 하는 것이 좋다. 봉사 활동을 하면

3) 학교 안에서 정해진 장소에서만 담배를 피워야 한다.

3. 인용

1)

출처	내용
뉴스 보도	최근 식중독에 걸린 사람이 증가하고 있다.

여름철, 식중독을 주의해야 한다.

2)

조사 대상	조사 내용	조사 결과
외국인 유학생	한국어 공부에서 가장 어려운 것	말하기(60%), 쓰기(20%)

외국인 학생들을 가르칠 때는 말하기 연습을 가장 많이 시켜야 한다.

써 봅시다

● 유학 생활에 대한 짧은 글을 써 봅시다.

주제	유학 생활
중심 문장	
뒷받침 문장	

07

한국의 역사와 상징

십 년이면 강산도 변한다

어휘·표현

역사 관련 어휘, 국가 상징 어휘

말하기

문법 얼마나 –는지/(으)ㄴ지 모르다

–(으)ㄹ 정도로

한국 화폐의 인물 소개하기

말하기 활동

여러 나라 화폐의 인물 소개하기

듣고 말하기

무궁화에 대한 강의 듣기

태극기에 대한 대화 듣기

문법 치고

읽고 말하기

조선 시대 한양의 모습에 대한 설명문 읽기

현대 서울의 모습에 대한 설명문 읽기

문법 –는 데

07과 한국의 역사와 상징

준비

- 여러분 나라에서 역사적으로 중요한 인물은 누구입니까?
- 여러분 나라를 상징하는 것에는 어떤 것이 있습니까?

어휘 · 표현

1. 역사적으로 중요한 인물들을 생각해 보고 역사적 인물에 대한 표현을 알아봅시다.

학자　　장군　　발명가　　지도자　　교육자　　정치가　　예술가

업적

나라를 세우다/통일하다
새로운 것을 발명하다
예술 작품을 남기다
전쟁에서 승리하다
학문을 발전시키다
후학을 양성하다

모범을 보이다　　책임감이 강하다　　지도력이 뛰어나다
학식이 깊다　　재능이 남다르다　　검소하게 생활하다

그 사람은 공부를 많이 하고 책을 많이 읽어서 아는 것이 많다.	그 사람은 사람들을 하나로 만들어 이끄는 힘이 있다.	아버지는 꼭 필요한 물건만 사면서 화려하지 않게 생활하신다.
형은 공부도 잘하고 봉사 활동도 많이 해서 다른 사람이 보고 배울 점이 많다.	그 사람은 어렸을 때부터 보통 사람과 다르게 그림 실력이 뛰어났다.	언니는 한번 맡은 일은 포기하지 않고 끝까지 한다.

- 여러분 나라에서 존경을 받는 사람은 누구입니까? 그 사람은 어떤 인물입니까? 어떤 업적을 남겼습니까?
- 여러분 나라에서 존경을 받는 사람은 어떤 점이 훌륭합니까?

2. 장소에 대한 어휘를 알아봅시다.

번화가 도심 명소 중심지 관청 궁궐

한 나라의 왕이 살던 집이다. 한국에서는 경복궁을 예로 들 수 있다.

나라의 여러 가지 일을 하는 기관이나 건물을 말한다.

도시의 중심을 말한다. 회사나 은행 등이 모여 있다.

아름다운 경치를 볼 수 있거나 역사적인 물건 등이 있는 유명한 장소를 말한다.

어떤 일이나 활동의 중심이 되는 곳을 말한다.

가게가 많고 화려해서 사람들이 많이 모이는 도시의 거리를 말한다.

- 여러분 나라에는 궁궐이 있습니까? 이름이 무엇입니까?
- 친구들에게 소개하고 싶은 여러분 나라의 역사적인 명소는 어디입니까? 왜 그곳을 소개하고 싶습니까?

3. 나라의 상징에 대해서 알아봅시다.

국기

태극기

국화

무궁화

국가

애국가

- 여러분 나라의 국기와 국화의 이름은 무엇입니까?
- 여러분 나라를 상징하는 것에는 어떤 것들이 있습니까?

문법 1 얼마나 -는지/(으)ㄴ지 모르다

이번 주말에 N 서울 타워에 가려고 해요.

그래요? 그럼 밤에 가세요. 야경이 얼마나 아름다운지 몰라요.

1. 다음과 같이 말해 봅시다.

가: 요즘 통 안 보이던데 많이 바빠요?
나: 네, 새 프로젝트 때문에 얼마나 바쁜지 몰라요.

1) 요즘 통 안 보이던데 많이 바빠요? (새 프로젝트 때문에 바쁘다)
2) 마키 씨를 좋아하는 친구들이 많은 것 같아요. (친구들에게 인기가 많다)
3) 장핑 씨가 만든 한국 음식이 정말 맛있던데요. (장핑 씨가 한국 요리를 잘 만들다)
4) 투안 씨가 모르는 게 없더라고요. (투안 씨가 책을 많이 읽다)
5) 윤아 씨 동생이 그렇게 예쁘다면서요? (미인이다)
6) 주말에 본 공포 영화는 어땠어요? (무서웠다)

2. 다음과 같이 대화해 봅시다.

가: 무슨 동물을 좋아해요?
나: 저는 강아지를 좋아해요.
가: 왜 강아지를 좋아해요?
나: 강아지가 주인을 얼마나 잘 따르는지 몰라요. 그래서 같이 있으면 마음이 따뜻해져요.
ㅇㅇ 씨는 무슨 동물을 좋아해요?
⋮

무슨 동물을 좋아해요?

연예인 중에서 누구를 좋아해요?

자주 가는 장소가 있어요?

부모님과 함께 여행을 가는데 어디에 가면 좋을까요?

남자 친구/여자 친구가 있어요?

한국어를 공부하기 좋은 드라마나 영화를 아세요?

3. 다음 경험에 대해서 그때의 느낌을 강조하면서 이야기해 봅시다.

아주 행복했던 일

아주 부러웠던 일

아주 부끄러웠던 일

아주 고마웠던 일

아주 무서웠던 일

아주 슬펐던 일

지난 방학 때 친구들과 같이 스트레스도 풀 겸 바다도 볼 겸 제주도로 여행을 갔어요. 그 여행을 하는 동안 얼마나 행복했는지 몰라요. 제주도에서 맛있는 음식도 먹고 아름다운 바다도 보니까 가슴이 뻥 뚫리더라고요. 날씨도 얼마나 좋았는지 몰라요. 그래서 친구들과…

문법 2 -(으)ㄹ 정도로

경복궁 야간 관람이 인기가 많아요?

네, 예매가 시작되자마자 표가 다 팔릴 정도로 인기가 많아요.

1. 다음과 같이 말해 봅시다.

> **가:** 경주에는 문화재가 정말 많다고 들었어요.
> **나:** 네, 도시 전체가 박물관이라고 할 정도로 문화재가 많아요.

1) 경주에는 문화재가 정말 많다고 들었어요. (도시 전체가 박물관이라고 하다)
2) 누나가 한국어를 정말 잘한다고 들었어요. (한국 뉴스를 듣고 이해하다)
3) 마키 씨는 평소에 별로 말을 안 하는 것 같아요. (옆에 있어도 모르다)
4) 두 사람은 친구인데 정말 닮았어요. (쌍둥이라고 해도 믿다)
5) 제프리 씨가 고등학교 때 공부 잘하기로 유명했다면서요? (학교에서 모르는 사람이 없다)
6) 바트 씨가 직장 동료 때문에 많이 힘들대요. (직장을 옮기고 싶다)

2. 아래 표현을 사용해서 다음과 같이 대화해 봅시다.

가사를 외우다	한번 시작하면 밤을 새우다	처음 보는 사람과 금방 친해지다
__(이)라고 해도 믿다	그 동물을 보면 도망가다	서로의 집 비밀번호를 알다

> **가:** 요즘 자주 듣는 노래가 뭐예요?
> **나:** 이수빈의 '사랑'을 자주 들어요. 너무 많이 들어서 가사를 외울 정도예요.
> **가:** 정말 노래가 좋은가 봐요.
> **나:** 네, 가사가 특히 좋아요. ○○ 씨는 무슨 노래를 자주 들어요?
> ⋮

요즘 자주 듣는 노래가 뭐예요?

좋아하는 일이 뭐예요?

○○ 씨는 성격이 어때요?

아버지/어머니는 무엇을 잘하세요?

어떤 동물을 싫어해요?

제일 친한 친구가 누구예요?

3. 아래 주제에 대해 어울리는 표현을 골라 강조해서 이야기해 봅시다.

- 화장실에 갈 시간도 없을 정도로 바쁘다
- 손가락 하나도 움직이지 못할 정도로 피곤하다
- 앞이 안 보일 정도로 비가 오다
- 숨이 막힐 정도로 덥다
- 눈물이 날 정도로 맵다
- 둘이 먹다 하나가 죽어도 모를 정도로 맛있다
- 발 디딜 틈이 없을 정도로 사람이 많다
- 말로 표현할 수 없을 정도로 감동을 받다/아름답다
-

요즘 생활 | 지금 고향 날씨 | 좋아하는 음식 | 인상적인 여행지

가: 요즘 어떻게 지내요?

나: 화장실에 갈 시간도 없을 정도로 바빠요. 다음 주에 시험을 보는 데다가 대학교 입학 서류 준비도 하고 있거든요.

가: 그래도 너무 무리하지 마세요. 건강이 제일 중요하지요.

나: 네, 고마워요. 제가 미리 준비했어야 했는데 못 해서 그래요.

⋮

말하기

- 여러분은 유명한 인물에 대해서 소개할 때 어떻게 말합니까?
- 다음 표현을 사용해서 말해 봅시다.

사용할 수 있는 상황	표현
말을 걸 때	뭐 하고 있어요?
상황 설명하면서 강조 표현할 때	-는데/(으)ㄴ데 얼마나 -는지/(으)ㄴ지 몰라요
인물에 대해 물을 때	어떤 사람이에요?
소개할 때	이에요/예요. (으)로도 유명해요
정도를 표현할 때	-(으)ㄹ 정도로 -ㄴ대요/는대요/대요
감탄할 때	와, 정말 대단하네요

가

뭐 하고 있어요?

나

__는데/(으)ㄴ데 얼마나 __는지/(으)ㄴ지 몰라요.
(신사임당에 대한 책을 읽고 있다 - 재미있다)

가

어떤 사람이에요?

나

__이에요/예요. __(으)로도 유명해요.
(조선 시대 화가 / 훌륭한 어머니)

__(으)ㄹ 정도로 __ㄴ대요/는대요/대요.
(신사임당이 그린 풀과 벌레 그림을 보고 닭이 그 벌레를 먹으려고 하다 - 그림에 뛰어난 재능이 있었다)

가

와, 정말 대단하네요.

- 다음 대화를 들어 봅시다. 07-1

압둘라 뭐 하고 있어요?

간토야 신사임당에 대한 책을 읽고 있는데 얼마나 재미있는지 몰라요.

압둘라 신사임당요? 이름은 들어 봤는데 어떤 사람이에요?

간토야 조선 시대 화가예요. 훌륭한 어머니로도 유명해요. 그리고 5만 원짜리 지폐에도 그려져 있어요.

압둘라 그래요? 아, 마침 저한테 5만 원짜리가 있어요. 이분이 신사임당이군요.

간토야 맞아요. 신사임당이 그린 풀과 벌레 그림을 보고 닭이 그 벌레를 먹으려고 할 정도로 그림에 뛰어난 재능이 있었대요.

압둘라 와, 정말 대단하네요. 그런데 신사임당 옆에 있는 이건 뭐예요?

간토야 '묵포도도'라고 하는데 신사임당이 그린 그림이에요.

압둘라 그렇군요. 이렇게 한국의 역사적 인물에 대한 설명을 들으니까 재미있네요.

1. 확인해 봅시다.

1) 간토야는 무엇을 하고 있습니까?

2) 5만 원짜리에 있는 사람은 어떤 사람입니까?

3) 5만 원짜리 지폐에는 어떤 그림이 있습니까?

2. 대화를 바꿔 말해 봅시다.

신사임당	조선 시대 화가 – 훌륭한 어머니	5만 원	신사임당이 그린 풀과 벌레 그림을 보고 닭이 그 벌레를 먹으려고 하다 – 그림에 뛰어난 재능이 있었다	묵포도도 – 신사임당이 그린 그림
세종 대왕	조선 시대 4번째 왕 – 한글을 만든 왕	만 원	백성들이 자기의 생각을 글로 표현할 수 있게 한글을 만들다 – 백성들을 사랑했다	용비어천가 – 한글로 쓴 최초의 시
이이	조선 시대 학자 – 뛰어난 정치가	5천 원	조선 시대 때 나라의 큰 시험에서 9번이나 1등을 하다 – 학식이 깊었다	오죽헌 – 이이가 태어난 집
이황	조선 시대 학자 – 훌륭한 교육자	천 원	높은 관직을 포기하고 후학을 양성하다 – 학문 발전에 힘썼다	명륜당 – 이황이 일하던 건물

말하기 활동

여러분 나라의 화폐에는 어떤 인물이 그려져 있습니까? 반 친구들에게 소개해 봅시다. 화폐에 그려진 인물이 없으면 화폐에 넣고 싶은 인물을 소개해 봅시다.

1. 소개할 인물에 대해 조사해 봅시다.

이순신 장군

화폐
- 100원

업적
- 거북선을 만들어 전쟁에서 승리했다.

존경받는 이유
- 지도력이 뛰어났다.
- 책임감이 강했다.

화폐

업적

존경받는 이유

2. 위에서 정리한 것을 바탕으로 발표해 봅시다.

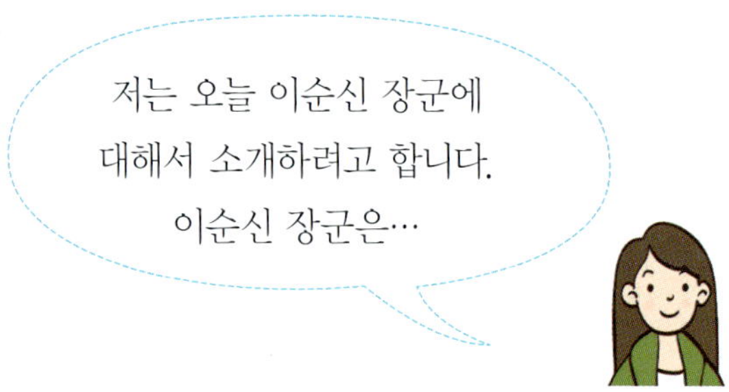

3. 누가 발표를 잘했습니까? 아래의 내용에 따라 평가해 봅시다.

	평가 내용	이름:	이름:	이름:	이름:	이름:
1	내용을 잘 구성했습니까?	1 2 3 4 5	1 2 3 4 5	1 2 3 4 5	1 2 3 4 5	1 2 3 4 5
2	업적에 대해 잘 설명했습니까?	1 2 3 4 5	1 2 3 4 5	1 2 3 4 5	1 2 3 4 5	1 2 3 4 5
3	존경받는 이유에 대해 잘 설명했습니까?	1 2 3 4 5	1 2 3 4 5	1 2 3 4 5	1 2 3 4 5	1 2 3 4 5
4	인물을 소개하는 어휘를 풍부하게 사용했습니까?	1 2 3 4 5	1 2 3 4 5	1 2 3 4 5	1 2 3 4 5	1 2 3 4 5

듣고 말하기

● 준비해 봅시다.

- 한국을 상징하는 것에는 어떤 것들이 있습니까?

들어 봅시다 1

● 다음 수업 강의를 들어 봅시다. 07-2

1. 무엇에 대한 내용입니까?

2. 맞는 것에 모두 ✓ 표시를 하십시오.

□ 지난 시간부터 계속 한국에 대해 배우고 있다.
□ 무궁화는 현대에 한국을 상징하는 꽃으로 정해졌다.
□ 무궁화는 모든 꽃이 한 번에 같이 피어 변하지 않는 마음을 상징한다.

3. 다음에 이어질 수업 내용은 무엇입니까?

새 단어
영원히　　지다

들어 봅시다 2

● 다음 대화를 들어 봅시다. 07-3

1. 무엇에 대한 내용입니까?

2. 태극기의 각 부분은 무엇을 상징합니까?

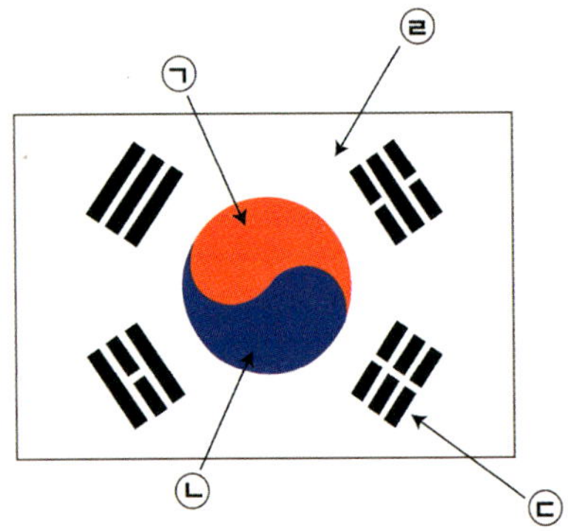

㉠ ____________________

㉡ ____________________

㉢ ____________________

㉣ ____________________

3. 맞는 것에 모두 ✓ 표시를 하십시오.

- □ 현충일과 한글날에 국기를 다는 방법이 같다.
- □ 국기는 보통 국기의 세로 길이만큼 아래에 단다.
- □ 국경일이 아니어도 국기를 달 수 있다.

4. 다음을 듣고 끊어 읽기에 주의하면서 따라 해 봅시다. 07-4

1) 국경일에는 태극기를 위에 달아요.
2) 조선 시대에는 배를 이용해서 한강을 건넜습니다.
3) 다음으로 무궁화의 종류에 대해서 알아볼까요?
4) 마지막으로 한국의 문화에 대해 말씀드리겠습니다.

새 단어

집집 달다 세로 국경일 해 바탕 평화

말해 봅시다

● 여러분 나라의 국기와 국화의 의미에 대해 설명해 봅시다.

문법 3 치고

1. 다시 들어 봅시다. 07-5

> 오늘은 한국을 상징하는 꽃인 국화, 무궁화에 대해서 알아보겠습니다. **한국 사람치고** 무궁화를 모르는 사람은 없습니다.

2. 다음과 같이 말해 봅시다.

1) **가:** 요즘 젊은 사람들은 신조어 쓰는 것을 좋아하는 것 같아요. (요즘 젊은 사람 – 신조어를 쓰지 않다)
   나: 맞아요. 요즘 젊은 사람치고 신조어를 쓰지 않는 사람은 없어요.
2) **가:** 외국인들이 명동에 많이 가지요? (한국에 오는 외국인 – 명동에 안 가 봤다)
   나: 그럼요, ______________________________.
3) **가:** 훌륭한 사람들은 다 어려움을 많이 겪은 것 같아요. (훌륭한 사람 – 어려움을 겪지 않았다)
   나: 맞아요. ______________________________.
4) **가:** 요즘 대학생들 사이에서 이 노래가 인기가 많대요. (요즘 대학생 – 이 노래를 모르다)
   나: 저도 많이 들어 봤어요. ______________________________.
5) **가:** 조카 선물로 장난감을 준비했는데 좋아할까요? (아이 – 장난감을 싫어하다)
   나: 그럼요, ______________________________.
6) **가:** 윤아 씨가 만든 음식은 다 맛있는 것 같아요. (윤아 씨가 만든 음식 – 맛없다)
   나: 맞아요. ______________________________.

3. 다음 사람들의 특징에 대해서 이야기해 봅시다.

학생 | 한국인/일본인… | 여자/남자 | –는/(으)ㄴ 사람

학생치고
시험을 보고 싶어 하는
사람은 없어요.

학생치고 학생 식당에
안 가 본 사람은
없을 것 같아요.

문법 4 -는 데

1. 다음 문장을 읽어 봅시다.

> 운종가는 물건을 사고파는 사람들이 구름처럼 모인다고 하여 붙여진 이름이다. 이곳은 한양의 대표적인 시장으로 이곳에서는 신발, 종이, 그릇 등 **생활하는 데** 필요한 여러 가지 물건을 팔았다.

2. 다음과 같이 말해 봅시다.

1) **가:** 요즘 영어 공부를 열심히 하네요. (취직하다)
   나: 영어 점수가 __취직하는 데__ 필요하거든요.
2) **가:** 외국인 등록증은 왜 가지고 왔어요? (통장을 만들다)
   나: ____________________ 필요해서요.
3) **가:** 역사를 재미있게 공부하는 방법이 있을까요? (역사를 쉽게 이해하다)
   나: 역사에 대한 책을 보는 것이 ____________________ 도움이 돼요.
4) **가:** 단어를 잘 외울 수 있는 방법이 있을까요? (단어를 기억하다)
   나: 단어를 읽으면서 외우는 것이 ____________________ 도움이 돼요.
5) **가:** 감기에 걸리지 않으려면 어떻게 해야 할까요? (감기를 예방하다)
   나: 손을 깨끗하게 씻으면 ____________________ 좋습니다.
6) **가:** 밤에 잠을 잘 못 자서 너무 힘들어요. (숙면을 취하다)
   나: 자기 전에 스트레칭을 하면 ____________________ 좋습니다.

3. 다음 내용에 대해서 대화해 봅시다.

친구를 빨리 사귀는 방법 | 스트레스를 푸는 방법 | 건강해지는 방법 | ○○ 실력을 키우는 방법

읽고 말하기

● 준비해 봅시다.

● 조선 시대의 한양과 현대의 서울을 비교해 봅시다. 어떻게 달라졌습니까?

▲ 조선 시대의 한양

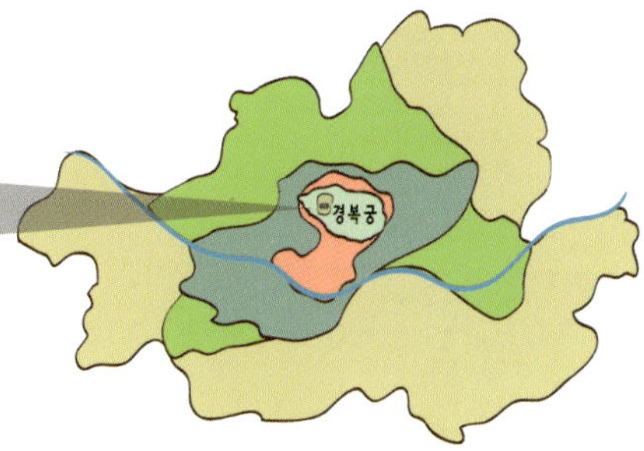

▲ 현대의 서울

읽어 봅시다 1

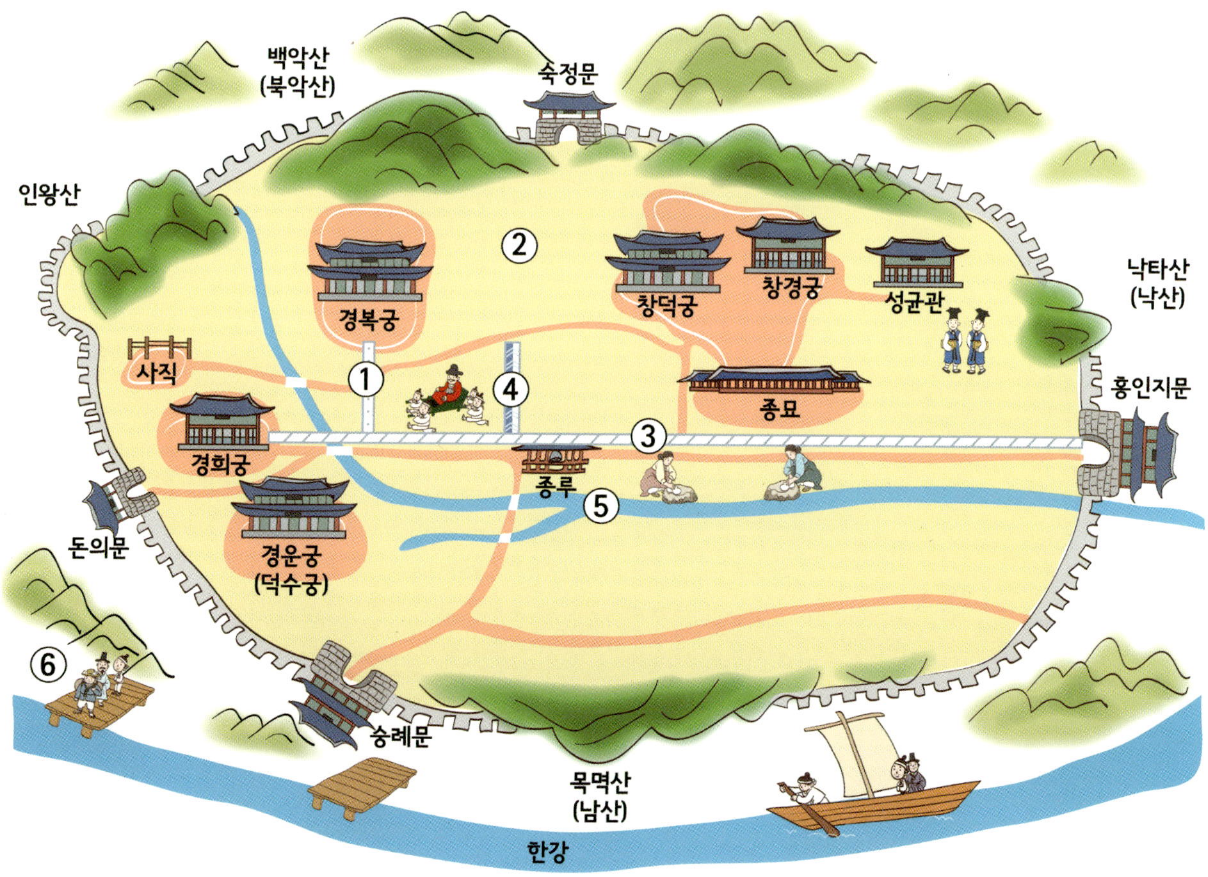

다음 글을 읽어 봅시다.

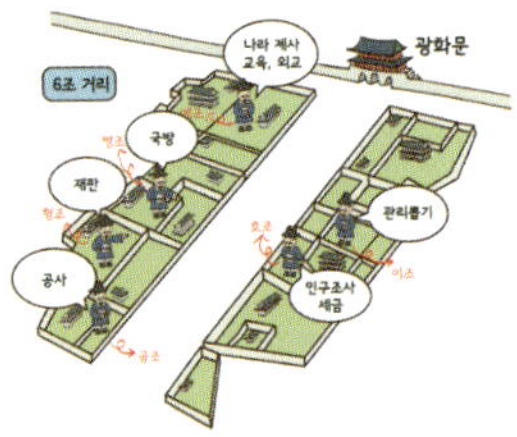

① 육조 거리

육조 거리는 경복궁의 정문인 광화문 앞에 있는 넓은 길이다. 왕이 살던 궁궐 앞을 따라 나라의 일을 하는 6개의 중요한 관청들이 있던 곳이다. 그래서 이곳은 정치의 중심지이며 조선을 상징하는 거리였다.

② 북촌

한양의 북쪽, 북촌에는 주로 나라에서 높은 위치에 있으며 재산이 넉넉하고 학식이 깊은 양반들이 모여 살았다. 그래서 크고 넓은 집이 많았다. 북촌은 경복궁, 육조 거리와 가까워서 나라의 일을 하는 사람들이 살기가 좋았다.

③ 운종가

운종가는 물건을 사고파는 사람들이 구름처럼 모인다고 하여 붙여진 이름이다. 이곳은 한양의 대표적인 시장으로 이곳에서는 신발, 종이, 그릇 등 생활하는 데 필요한 여러 가지 물건을 팔았다.

④ 피맛골

피맛골은 '말을 피하는 골목'이라는 뜻을 가지고 있다. 조선 시대에는 높은 자리에 있는 관리가 말을 타고 오면 사람들은 그 관리가 지나갈 때까지 땅에 엎드려 있어야 했다. 그래서 사람들은 그런 상황을 피하기 위해 이 골목으로 다녔다. 이렇게 사람들이 여기에 모이면서 자연스럽게 저렴한 음식점들이 생겼다.

⑤ 개천

개천은 한양의 중심을 지나는 작은 하천으로 생활 하수를 흘려보내는 하수도의 역할을 하였다. 개천의 북쪽에는 궁궐과 관청들이 있었고 남쪽에는 일반 백성들이 살았다. 그리고 개천 근처에 의사, 통역사 등 전문직 관리와 나라의 허락을 받고 물건을 파는 상인들이 모여 살았다.

⑥ 마포 나루

'나루'는 강이나 좁은 바다에서 배가 출발하고 도착하는 곳을 말한다. 조선 시대 한강은 물건을 실어 옮기거나 사람들이 먼 곳으로 이동할 때 이용되었다. 그래서 한강 나루에 많은 사람들이 모이면서 근처에 술과 음식을 팔기도 하고 사람들이 묵기도 하는 장소가 생겼다.

1. 무엇에 대한 내용입니까?

2. 맞는 것에 모두 ✓ 표시를 하십시오.

□ 육조 거리에는 나라의 여러 가지 일을 결정하는 곳이 있었다.
□ 북촌은 시장이 가까워서 양반들이 모여 살았다.
□ 운종가는 조선 시대의 시장이 있던 장소였다.
□ 나라에서 높은 자리에 있는 관리들은 피맛골에 자주 갔다.
□ 개천에서는 누구든지 쉽게 물건을 팔 수 있었다.
□ 조선 시대에는 사람들이 한강에서 배를 타고 다른 곳으로 갔다.

새 단어

한양	육조 거리	정치	북촌	북쪽	재산	운종가	사고팔다	피맛골
관리	엎드리다	음식점	개천	하천	생활 하수	흘려보내다	하수도	역할
남쪽	전문직	허락	마포 나루	나루	싣다	이용되다	묵다	

읽어 봅시다 2

● 다음 글을 읽어 봅시다.

① 육조 거리 → 광화문 광장

조선 시대 육조 거리였던 곳의 가운데는 광화문 광장이 되었다. 광화문 광장은 서울에 여행을 오는 사람들이 즐겨 찾는 장소로 세종 대왕 동상이 있는 곳이기도 하다. 지금도 광화문 광장 주변에 서울의 관청이 일부 남아 있다. 오늘날의 광화문 광장은 많은 시민들이 모여 서로의 생각을 나누는 장소로도 쓰이고 있다.

② 북촌 → 북촌 한옥 마을

조선 시대 높은 관리들이 모여 살았던 북촌은 현재 유명한 관광지가 되었다. 높은 빌딩이 많은 도심에 한국의 옛날 집이 모여 있어 관광을 하는 사람들에게 색다른 볼거리를 제공하고 있다. 북촌의 한옥에는 지금도 사람들이 살고 있다.

③ 운종가 → 종로

운종가의 현재 이름은 '종로'이다. 종로는 서울시의 대표적인 번화가 중 하나이다. 종로에는 광장 시장, 인사동 등 서울의 명소가 있어 지금도 많은 사람들이 찾고 있다.

④ 피맛골 → 피맛골

피맛골은 저렴한 맛집이 많아서 시민들에게 사랑을 받았다. 그러나 2009년에 이곳을 재개발하면서 피맛골의 대부분이 사라졌다. 현재도 '피맛골'이라고 하는 장소는 남아 있다. 하지만 따뜻하고 활기찬 옛날 골목의 느낌은 없어져서 많은 시민들이 아쉬워하고 있다.

⑤ 개천 → 청계천

조선 시대의 개천은 청계천으로 이름이 바뀌었다. 도시 개발을 위해 청계천 위를 덮어서 도로를 만들었다가 예전의 모습을 되찾기 위해 공사를 하여 2005년에 지금의 모습이 되었다. 현재 청계천은 시민들의 휴식과 문화 공간으로 이용되고 있으며 다양한 축제와 행사가 열리고 있다.

⑥ 마포 나루 → 마포 대교

강의 양쪽을 잇는 다리가 지어지면서 나루는 예전의 기능을 잃어버렸다. 이제 사람들은 한강을 건널 때 배를 이용하지 않고 자동차를 이용한다. 지금은 예전과 같은 마포 나루의 모습을 찾아볼 수 없고 그 근처에 '마포 대교'가 생겼다.

1. 무엇에 대한 내용입니까?

2. 맞는 것에 모두 ✓ 표시를 하십시오.

- □ 조선 시대의 육조 거리였던 곳에 지금도 관청이 남아 있다.
- □ 현재 북촌은 관광지가 되었기 때문에 사람이 살지 않는다.
- □ 종로에는 서울의 유명한 곳이 많아서 사람들이 많이 온다.
- □ 피맛골에는 옛날보다 음식점이 많아져서 활기찬 느낌이 든다.
- □ 개천은 청계천으로 이름이 바뀌었고 현재는 도로가 되었다.
- □ 마포 대교 근처에는 옛날처럼 지금도 배가 다닌다.

새 단어

오늘날　재개발하다　사라지다　아쉬워하다　청계천　개발　덮다　되찾다
마포 대교　잇다

말해 봅시다

● 여러분의 고향에는 옛날 모습이 남아 있습니까? 달라진 것에 대해서 말해 봅시다.

08

생활과 경제

어휘·표현

경제생활 관련 어휘, -비

말하기

문법 -는 김에

-(으)ㄹ지도 모르다

소비 생활에 대해 조언하기

말하기 활동

소비 생활의 문제에 대해 조언받기

듣고 말하기

편의점의 판매 전략에 대한 강의 듣기

문법 -거든

읽고 쓰기

지출 내역에 대한 설명문 읽기 1

지출 내역에 대한 설명문 읽기 2

문법 -는/(으)ㄴ 반면에

08과 생활과 경제

준비

- 돈을 벌어 본 경험이 있습니까? 어떻게 돈을 벌었습니까?

- 돈을 쓰는 것과 버는 것 중에서 무엇이 더 중요하다고 생각합니까?

어휘 · 표현

1. 경제생활에 관련된 어휘를 알아봅시다.

구입	판매	수입	지출
절약하다	과소비하다	저축하다	
소비자	생산자		

- 수입과 지출 중에서 무엇이 많습니까? 왜 그렇습니까?
- 자주 구입하는 물건은 무엇입니까?
- 돈을 모으려면 어떻게 하는 것이 좋다고 생각합니까?

2. 소비와 판매에 대한 표현을 알아봅시다.

소비자

지출 계획을 세우다
지출 목록을 작성하다
합리적으로 소비하다
무절제하게 소비하다/충동구매를 하다

생산자

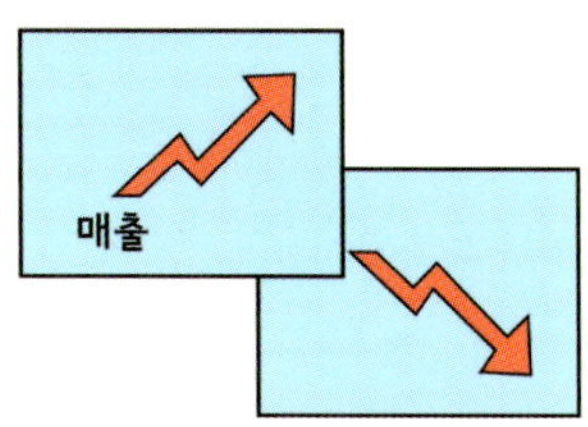

판매 전략을 세우다
매출을 올리다
매출이 오르다/늘다
매출이 떨어지다/줄다

- 여러분은 합리적으로 소비하는 편입니까? 언제 그렇습니까?
- 여러분은 무절제하게 소비하거나 충동구매를 하는 편입니까? 언제 그렇습니까?
- 기업들이 물건을 더 많이 팔기 위한 전략에는 어떤 것들이 있습니까?
- 상품의 매출이 오르거나 떨어지는 것은 무엇의 영향을 받는 것 같습니까?

3. 생활하는 데 드는 비용과 관련된 어휘를 알아봅시다.

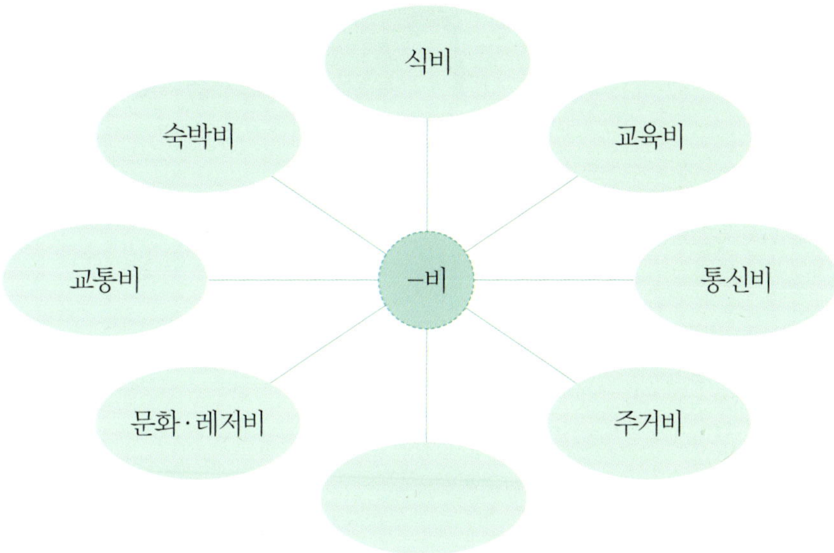

집세, 수도 요금 등 집에서 사는 데 드는 비용	교통수단을 이용하는 데 드는 비용	능력을 키우려고 배우는 데 드는 비용	호텔 등에서 잠을 자고 머무르는 데 드는 비용

전화나 인터넷 등을 사용하는 데 드는 비용	여가 시간을 이용하여 문화생활을 즐기는 데 드는 비용	먹는 데 드는 모든 비용

- 생활하는 데 드는 비용은 또 무엇이 있습니까?
- 여러분은 요즘 무엇을 할 때 많은 돈을 지출합니까?
- 고향에서의 소비와 한국에서의 소비가 어떻게 달라졌습니까? 왜 그렇습니까?

문법 1 -는 김에

저 지금 편의점에 가는데 뭐 부탁할 거 없어요?

그럼 편의점에 가는 김에 김밥 좀 사다가 줄 수 있어요?

1. 다음과 같이 말해 봅시다.

> **가:** 지금 도서관에 가려고 해요.
> **나:** 그럼 도서관에 가는 김에 이 책 좀 반납해 주세요.

1) 지금 도서관에 가려고 해요. (도서관에 가다 – 이 책 좀 반납해 주다)
2) 이따가 마트에 가려고 해요. (마트에 가다 – 우유 좀 사다가 주다)
3) 다음 주에 부산으로 출장 가요. (부산에 가다 – 바다 구경도 하다)
4) 주말에 대청소를 하려고 해요. (대청소를 하다 – 가구 위치도 좀 바꿔 보다)
5) 인터넷으로 생활용품을 주문하려고 해요. (주문하다 – 내 것도 같이 주문해 주다)
6) 오후에 간토야 씨하고 만나기로 했어요. (간토야 씨를 만나다 – 이것 좀 전해 주다)

2. 다음과 같이 대화해 봅시다.

> **가:** 어제 광화문에 갔다 왔다면서요?
> **나:** 네, 거기서 고향 친구들 모임이 있었거든요.
> **가:** 모임 재미있었어요?
> **나:** 네, 그리고 광화문에 간 김에 경복궁도 구경했어요.
> ⋮

어제 광화문에 갔다 왔다면서요?

방학 때 고향에 다녀왔다면서요?

다음 달에 유럽 여행을 간다면서요?

남산으로 문화 체험을 간다면서요?

다음 주에 부산에서 한국어능력시험 본다면서요?

한국에서 유학하는 동안 해 보고 싶은 게 많다면서요?

3. 오늘 어디에 가서 무엇을 할지 정하고 친구에게도 물어보십시오. 여러분과 같은 곳에 가려고 하는 사람이 있으면 부탁을 해 보십시오.

나

오늘 할 일

- □ 숙제하기
- □ 소포 보내기
- □ 세탁한 옷 찾기
- □ 양말 사기
- □ 고장 난 컴퓨터 수리 맡기기
- □ 내일 먹을 샌드위치 만들기
- □
- □

친구

오늘 할 일

- ☑ 발표 준비하기
- □ 엽서 보내기
- □ 세탁할 옷 맡기기
- ☑ 화장품 사기
- □ 수리가 끝난 휴대폰 찾기
- □ 과일과 야채 사다가 놓기
- □
- □

오후에 뭐 해요?

발표 준비하고
화장품 사러
명동에 갈 거예요.

문법 2 -(으)ㄹ지도 모르다

집에 갈 때 버스 타려고 하는데 괜찮을까요?

금요일이라서 길이 막힐지도 몰라요.

1. 다음과 같이 말해 봅시다.

> **가:** 오늘은 바쁘니까 내일부터 시험 준비를 해야겠어요.
>
> **나:** 계속 시험 준비를 미루면 나쁜 성적을 받을지도 몰라요.

1) 오늘은 바쁘니까 내일부터 시험 준비를 해야겠어요. (계속 시험 준비를 미루다 – 나쁜 성적을 받다)
2) 우리 커피 한 잔 더 마실까요? (오후에 커피를 많이 마시다 – 밤에 잘 못 자다)
3) 어제도 불을 켜 놓고 외출했어요. (계속 그렇게 잊어버리다 – 전기 요금이 많이 나오다)
4) 아직 여유가 있으니까 천천히 출발합시다. (서두르지 않다 – 약속 시간에 늦다)
5) 요즘 자기 전에 스마트폰을 볼 때가 많아요. (습관이 되다 – 나중에 고치기 힘들다)
6) 백화점에 갔다가 충동구매를 많이 했어요. (계획 없이 소비를 하다 – 돈을 모을 수 없다)

2. 다음과 같이 대화해 봅시다.

> **가:** 저 이번 방학에 태국으로 여행 가는데 날씨가 덥겠지요?
>
> **나:** 보통 낮에는 덥지만 밤에는 쌀쌀할지도 모르니까 긴팔 옷도 가지고 가세요.
>
> **가:** 그래요? 여름옷만 챙기려고 했는데 긴팔 옷도 준비해야겠네요.
>
> **나:** 네, 그런데 언제 출발해요?
>
> ⋮

이번 방학에 태국으로 여행 가는데 날씨가 덥겠지요?

놀이공원에 가려고 하는데 사람이 많을까요?

다음 달에 부모님이 한국에 오시는데 한국 음식을 좋아하실까요?

좋아하는 가수가 다음 달에 콘서트를 하는데 표를 구할 수 있을까요?

친구들을 우리 집에 초대했는데 잘 찾아올 수 있을까요?

일주일 전에 약속했는데 친구가 기억할까요?

3. 여러분이 다음의 상황에 있다고 생각하고, 그 상황을 친구에게 설명해 보십시오. 그 상황에서 생길 수 있는 문제와 주의할 것들에 대해서 조언을 들어 봅시다.

나의 상황	친구가 해 준 말	
내일 아침 일찍 회사에서 중요한 회의가 있다.	□ 알람 맞추기 □	□ 미리 옷 챙겨 놓기 □
친구들 모임을 우리 집에서 하기로 했다.	□ □	□ □
강아지를 키우게 됐다.	□ □	□ □
	□ □	□ □

내일 아침 일찍 회사에서 중요한 회의가 있어요.

아침에 못 일어날지도 모르니까…

말하기

- 여러분은 소비 생활에 대해 조언하거나 경고할 때 어떻게 말합니까?
- 다음 표현을 사용해서 말해 봅시다.

사용할 수 있는 상황	표현
결심 말할 때	이제부터 -기로 했어요
화제 전환할 때	그런데 ~은/는 다 뭐예요?
상황 설명할 때	-는 김에 -아요/어요
가능성에 대해 경고할 때	그렇게 -(으)면 -(으)ㄹ지도 몰라요
조언할 때	먼저 -지 그래요?

가

이제부터 __기로 했어요.
(돈을 아껴 쓰다)

나

그런데 __은/는 다 뭐예요?
(그 쇼핑백들)

가

__는 김에 __아요/어요.
(엄마 생신 선물 사러 백화점에 갔다 - 내 물건들도 샀다)

나

그렇게 __(으)면 __(으)ㄹ지도 몰라요.
(지출을 많이 하다 - 월말에 힘들어지다)

먼저 __지 그래요?
(지출 계획을 세우다)

- 다음 대화를 들어 봅시다. 08-1

이리나	저 이제부터 돈을 아껴 쓰기로 했어요.
압둘라	사고 싶은 물건이 있으면 꼭 사던 이리나 씨가 웬일이에요?
이리나	지난달 말에 생활비가 부족해서 힘들었거든요. 그동안 좀 무절제하게 소비한 것 같아요.
압둘라	그런데 그 쇼핑백들은 다 뭐예요?
이리나	이거요? 엄마 생신 선물 사러 백화점에 간 김에 제 물건들도 좀 샀어요. 세일을 많이 하더라고요.
압둘라	아직 월초인데 그렇게 지출을 많이 하면 월말에 또 힘들어질지도 몰라요. 먼저 지출 계획을 세우고 나서 돈을 쓰지 그래요?
이리나	그거 좋은 생각이네요. 다음 달부터 그렇게 해야겠어요.
압둘라	다음 달부터요?

1. 확인해 봅시다.

1) 이리나는 왜 돈을 아껴 쓰려고 합니까?

2) 이리나는 왜 돈을 많이 썼습니까?

3) 압둘라는 이리나에게 무슨 조언을 했습니까?

2. 대화를 바꿔 말해 봅시다.

돈을 아껴 쓰다	쇼핑백들	엄마 생신 선물 사러 백화점에 갔다 – 내 물건들도 좀 샀다	세일을 많이 하다	아직 월초인데 그렇게 지출을 많이 하다 – 월말에 또 힘들어지다
소비를 줄이다	택배 박스	화장품을 주문하다 – 좀 많이 샀다	여러 개를 사면 할인해 주다	싸다고 해서 충동구매를 하다 – 다 못 쓰고 버리게 되다
합리적으로 소비하다	영수증들	생활용품을 사다 – 몇 달 동안 쓸 걸 미리 샀다	많이 사면 살수록 혜택이 크다	혜택이 크다고 해서 지나치게 많이 사다 – 금방 돈을 다 써 버리다
불필요한 지출을 줄이다	장바구니	외식비를 줄이려고 마트에 음식 재료를 사러 갔다 – 한 달 동안 먹을 걸 다 샀다	행사 기간이라서 싸다	계획적으로 장을 보지 않다 – 외식하는 것보다 오히려 돈이 더 들다

말하기 활동

● 경제생활에 대해서 이야기해 봅시다.

1. 여러분의 소비 생활은 어떻습니까?

1) 아래 표에 ✔ 표시를 하십시오.

질문	□ 그렇다	□ 아니다
① 장을 보기 전에 지출 목록을 작성한다.	□ 10	□ 0
② 한 달 동안 쓸 돈을 미리 계획한다.	□ 10	□ 0
③ 돈을 쓴 후에 그 내용을 적어 놓는다.	□ 10	□ 0
④ 계획한 것보다 돈을 더 많이 쓴 적이 있다.	□ 0	□ 10
⑤ 쇼핑으로 스트레스를 푼다.	□ 0	□ 10
⑥ 수입이 생기면 먼저 돈을 쓰고 싶은 생각이 든다.	□ 0	□ 10
⑦ 일주일에 한 번 이상 택시를 탄다.	□ 0	□ 10
⑧ 충동구매를 자주 한다.	□ 0	□ 10
⑨ 영수증을 모은다.	□ 10	□ 0
⑩ 외식을 자주 한다.	□ 0	□ 10

100~80점	70~50점	40~0점
문제없음.	보통	문제 있음.
계속해서 지금처럼 합리적인 경제생활을 하세요.	돈을 모으려면 소비 생활을 개선하는 것이 좋습니다.	지금 바로 전문가를 찾아가서 상담을 받으세요!

2) 소비 생활 중에서 가장 문제가 되는 부분이 무엇입니까?

□ 충동구매　　□ 과소비　　□ ____________

□ 교통비　　□ 쇼핑비　　□ 외식비　　□ 문화·레저비　　□ 통신비

2. 위에서 작성한 표를 가지고 경제 전문가를 만나 경제생활에 대한 조언을 받아 봅시다.

조언 내용
1.
2.
3.

3. 전문가의 조언을 받고 나서 어떤 결심을 했는지 이야기해 보십시오.

듣고 말하기

● 준비해 봅시다.

- 편의점에 갔을 때 계획한 것보다 물건을 많이 산 적이 있습니까?
- 편의점에서 물건을 진열할 때 무엇을 생각할 것 같습니까?

□ 계절과 날씨 □ 물건의 색깔 □ 소비자의 동선 □ 소비자의 평균 키

들어 봅시다

● 다음 수업 강의를 들어 봅시다. 08-2

1. 이 강의의 목적은 무엇입니까?

① 충동구매의 문제점을 설명하려고
② 편의점의 판매 전략을 설명하려고
③ 지출을 줄일 수 있는 방법을 알려 주려고
④ 편의점에서 파는 물건의 종류를 알려 주려고

2. 들은 내용과 같은 편의점 진열대의 그림을 고르십시오.

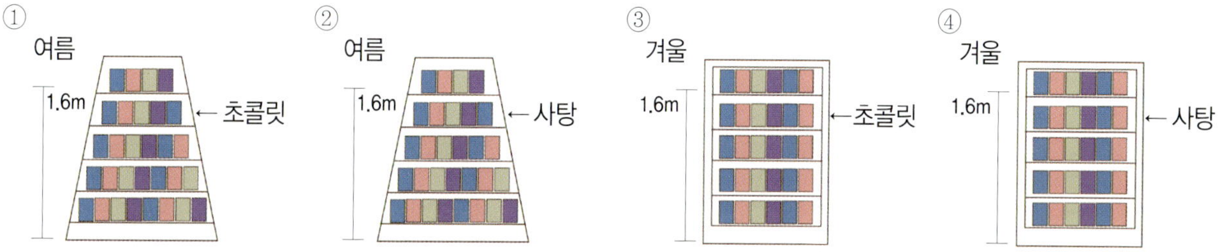

3. 편의점의 판매 전략 세 가지를 쓰십시오.

1) 소비자의 동선	동선을 길게 하기 위해서 잘 팔리는 물건을 ____________에 놓는다.
2) 진열하는 물건의 위치	신제품이나 잘 팔리는 물건을 ____________에 진열한다.
3) 진열대의 모양	모든 물건을 ____________(으)ㄹ 수 있는 모양이다.

4. 맞는 것에 모두 ✓ 표시를 하십시오.

□ 편의점에 가면 충동구매를 하는 일이 많다.
□ 편의점에서 잘 팔리는 물건은 아래쪽에 진열한다.
□ 편의점 진열대에 놓이는 물건은 계절과 관계가 있다.
□ 편의점 진열대의 모양은 일반적인 진열대와 비슷하다.

5. 다음을 듣고 억양에 주의하면서 따라 해 봅시다. 08-3

1) 여러분도 수업 끝나고 편의점에 가거든 한번 잘 보십시오.
2) 바쁘지 않거든 저 좀 도와주세요.
3) 공부하다가 모르는 게 있거든 언제든지 물어보세요.
4) 아직 밥을 안 먹었거든 저하고 같이 먹을까요?

새 단어

진열하다 동선 원리 하하 자 구경하다 진열대 눈앞 m(미터)
신제품 팔리다 판매량 넓어지다 효과적

말해 봅시다

다음 내용에 대해 이야기해 봅시다.

- 편의점의 판매 전략을 더 이야기해 봅시다.
- 백화점 등 다른 곳에서는 매출을 늘리기 위해 어떤 전략을 사용하는지 이야기해 봅시다.

편의점의 판매 전략

1. 냉장고는 안쪽에 놓는다.
2. 잘 보이는 곳에 신제품을 놓는다.
3. 위가 좁고 아래가 넓은 모양의 진열대를 사용한다.
4.
5.

백화점의 판매 전략

1. 느린 음악을 켜 놓는다.
2. 매장의 위치를 자주 바꾼다.
3.
4.
5.

______ 판매 전략

1.
2.
3.
4.
5.

문법 3 -거든

1. 다시 들어 봅시다. 08-4

요즘은 날씨가 추우니까 초콜릿이 잘 보이겠지요? 여러분도 수업 끝나고 편의점에 **가거든** 한번 잘 보십시오.

2. 다음과 같이 말해 봅시다.

1) **가:** 공부하다가 모르는 게 생기거든 언제든지 물어보세요.
나: 그렇게 할게요. 고마워요.

2) **가:** 걱정되니까 ________________ 꼭 연락해.
나: 알았어. 집에 들어가자마자 연락할게.

3) **가:** 오늘 투이 씨하고 만나기로 했어요.
나: ________________ 제 안부를 전해 주세요.

4) **가:** 나 좀 일찍 도착할 것 같아.
나: ________________ 먼저 식당에 들어가 있어.

5) **가:** 오늘 약속 시간을 미뤄도 돼요? 제가 좀 바쁠 것 같아서요.
나: ________________ 그냥 다음에 만나요.

6) **가:** 옷이 안 맞으면 바꾸러 와도 돼요?
나: ________________________________.

3. 아래 내용에 대해서 다음과 같이 대화해 봅시다.

- 유명한 가수인 친구에게 부탁하고 싶은 것
- 시험이 끝나면 우리 반 친구들에게 같이 하자고 제안하고 싶은 것
- 내 고향에 여행 가려고 하는 친구에게 추천하고 싶은 것

가: ○○ 씨, 요즘 많이 바빠요?
나: 네, 다음 달부터 전국을 다니면서 콘서트를 하게 됐어요. 그래서 요즘 열심히 준비하고 있어요.
가: 와, 서울에서 콘서트를 하거든 저도 꼭 초대해 주세요.
나: 알았어요. 그렇게 할게요.
⋮

문법 4 -는/(으)ㄴ 반면에

1. 다음 문장을 읽어 봅시다.

전체 소비 지출 중에서 식비의 비율은 **줄어든 반면에** 문화·레저비의 비율은 증가한 것이다.

2. 다음과 같이 말해 봅시다.

1) **가:** 이 제품은 기능이 다양해서 좋습니다.
   나: 기능은 다양한 반면에 가격은 비싼 편입니다.
2) **가:** 우리 학교는 주변 환경이 조용해서 좋습니다.
   나: ______________ 교통은 조금 불편합니다.
3) **가:** 고향의 여름 날씨가 한국하고 많이 다릅니까?
   나: ______________ 우리 나라는 건조한 편입니다.
4) **가:** 도시 인구와 시골 인구가 어떻게 변하고 있습니까?
   나: ______________ 시골 인구는 점점 줄고 있습니다.

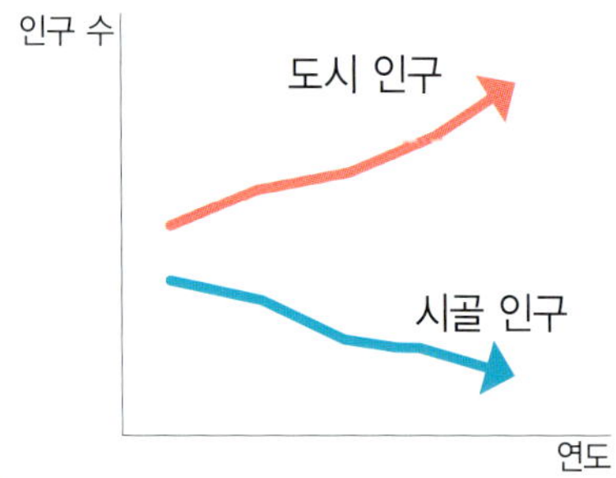

5) **가:** 온라인 쇼핑몰의 매출과 오프라인 쇼핑몰의 매출이 어떻게 변하고 있습니까?
   나: ______________________________________.
6) **가:** 여자와 남자는 무엇이 다릅니까?
   나: ______________________________________.

3. 다음과 같이 장점과 단점에 대해서 대화해 봅시다.

존댓말 | 신용 카드 | 서울 생활 | 스마트폰

가: 존댓말을 쓰면 뭐가 좋은 것 같아요?
나: 나이가 많거나 높은 사람에게 예의를 지킬 수 있어서 좋아요.
가: 그런데 예의를 지킬 수 있는 반면에 멀어지는 느낌이 들기도 해요.
나: 그래서 친한 사이에는 나이 차이가 나도 반말을 쓰는 사람들이 있어요.
⋮

읽고 쓰기

● 준비해 봅시다.

- 여러분은 무엇을 하는 데 주로 돈을 씁니까?
- 시간이 지나면서 소비 생활에 변화가 생겼습니까?

읽어 봅시다 1

● 다음 글을 읽어 봅시다.

〈 2018년 20대의 월 평균 지출 내역 〉

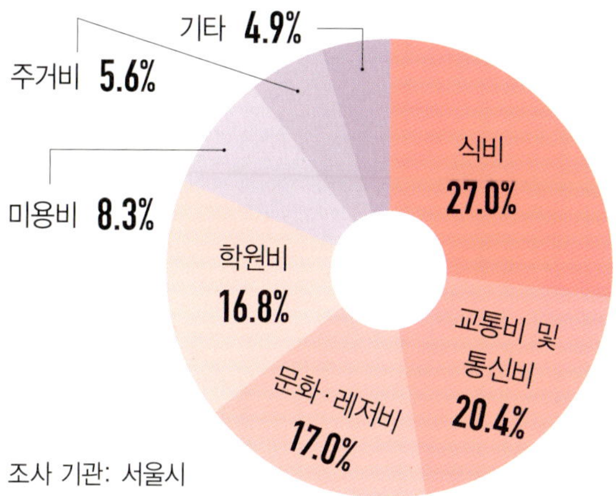

조사 기관: 서울시

서울시에서 '2018년 20대의 월 평균 지출 내역'에 대해서 조사를 실시하였다. 그 결과는 다음과 같다. 우선 전체 지출 중에서 식비가 27%로 가장 높은 비율을 차지했고, 교통비 및 통신비가 20.4%로 그 뒤를 이었다. 다음으로 문화·레저비가 17%, 학원비가 16.8%로 나타났다. 그리고 미용비가 8.3%로 나타났으며 마지막으로 주거비가 5.6%로 전체 지출 중에서 가장 낮은 비율을 차지했다.

1. 무엇에 대한 내용입니까?

2. 맞는 것에 모두 ✓ 표시를 하십시오.

☐ 전체 지출에서 교통비 및 통신비보다 식비가 높은 비율을 차지한다.
☐ 전체 지출 중에서 문화생활과 레저 활동을 하는 데 쓴 돈이 가장 많다.
☐ 전체 지출 중에서 미용비와 주거비가 차지하는 비율은 같다.

새 단어

내역　　차지하다　　학원비　　미용비

써 봅시다 1

● 조사 결과를 설명할 때 사용할 수 있는 표현을 알아봅시다.

주요 표현

조사 기관과 주제를 소개할 때	에서 ~에 대해서 조사를 실시하였다
조사 결과를 설명할 때	이/가 ~%로 나타났다 이/가 ~%를 차지했다 이/가 ~%로 가장 높은/낮은 비율을 차지했다 이/가 ~%로 그 뒤를 이었다

● 아래 그래프를 보고 '2025년 해외여행 지출 내역'에 대한 글을 쓰십시오.

〈2025년 해외여행 지출 내역〉

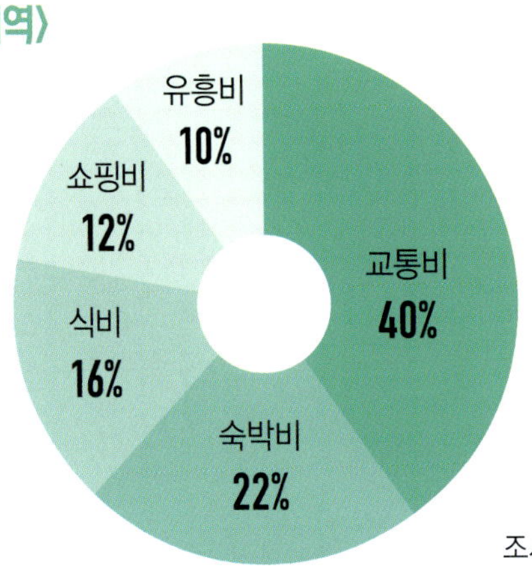

조사 기관: 한국은행

읽어 봅시다 2

● 다음 글을 읽어 봅시다.

〈 전체 소비 지출 중 식비와 문화·레저비의 비율 〉

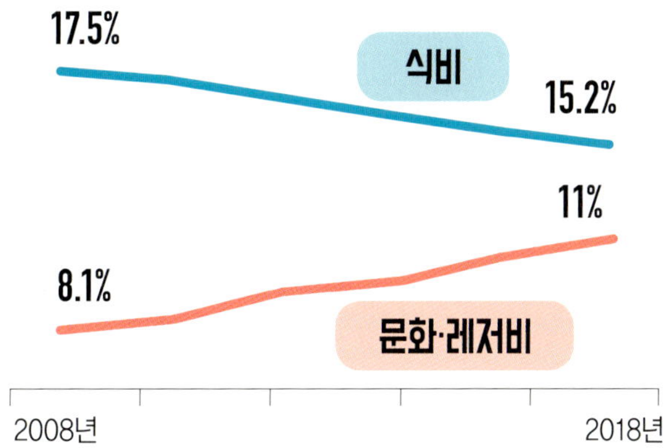

조사 기관: 통계청

통계청에서 2008년부터 2018년까지 전체 소비 지출 중에서 식비와 문화·레저비가 차지하는 비율에 대해서 조사를 실시하였다. 그 결과는 다음과 같다. 먼저 식비는 2008년에는 17.5%를 차지했는데 점차 감소하여 2018년에는 15.2%가 되었다. 한편 문화·레저비는 2008년에는 8.1%에 불과했는데 지속적으로 증가하면서 2018년에는 11%에 도달하였다. 전체 소비 지출 중에서 식비의 비율은 줄어든 반면에 문화·레저비의 비율은 증가한 것이다.

이와 같은 변화의 원인은 두 가지가 있다. 먼저 ㉠식비의 비율이 감소한 이유는 가정의 수입이 늘어났기 때문이다. 수입이 늘어나면 전체 지출 중 식비가 차지하는 비율은 줄어들기 마련이다. 다음으로 ㉡문화·레저비의 비율이 증가한 이유는 문화 및 레포츠 산업이 발달했기 때문이라고 할 수 있다. 이전보다 여가 활동에 관심이 많아지면서 이와 관련된 산업도 발달한 것이다. 이러한 추세가 계속된다면 앞으로도 전체 소비 지출 중에서 식비의 비율은 점점 줄어들고 문화·레저비의 비율은 지속적으로 증가할 것으로 전망된다.

1. 무엇에 대한 내용입니까?

2. 이 글을 읽고 알 수 있는 것에 모두 ✓ 표시를 하십시오.

☐ 지난 10년 동안 전체 지출 금액의 변화
☐ 전체 수입의 변화와 식비가 차지하는 비율의 관계
☐ 문화 및 레포츠 산업이 발전하는 이유

3. ㉠과 ㉡의 이유를 쓰십시오.

㉠: ____________________ ㉡: ____________________

4. 맞는 것에 모두 ✓ 표시를 하십시오.

□ 전체 지출 중 식비의 비율은 시간이 지날수록 줄어들고 있다.
□ 전체 지출 중 문화·레저비의 비율은 지난 10년 동안 11% 정도 증가하였다.
□ 전체 지출 중 식비의 비율과 문화·레저비의 비율 차이가 작아지고 있다.

새 단어

감소하다 한편 불과하다 지속적 도달하다 레포츠 산업 발달하다 이전
추세 전망되다

써 봅시다 2

● 조사 결과를 설명할 때 사용할 수 있는 표현을 알아봅시다.

주요 표현

조사 결과를 설명할 때	은/는 지속적으로 증가하여/감소하여 ~%가 되었다 은/는 ~ 증가하여 ~%에 도달하였다 은/는 ~%에 불과하다 -는/(으)ㄴ 이유는 -기 때문이다/때문이라고 할 수 있다
전망/예상을 할 때	이러한 추세가 계속된다면 -(으)ㄹ 것으로 전망된다

● 최근 온라인 쇼핑몰의 상품이 다양해지고 가족의 규모가 작아지면서 쇼핑 방법도 달라지고 있습니다. 아래 그래프를 보고 '인터넷 쇼핑비와 대형 마트 쇼핑비의 비율 변화'에 대한 글을 쓰십시오.

〈 전체 쇼핑비 중 인터넷 쇼핑비와 대형 마트 쇼핑비의 비율 〉

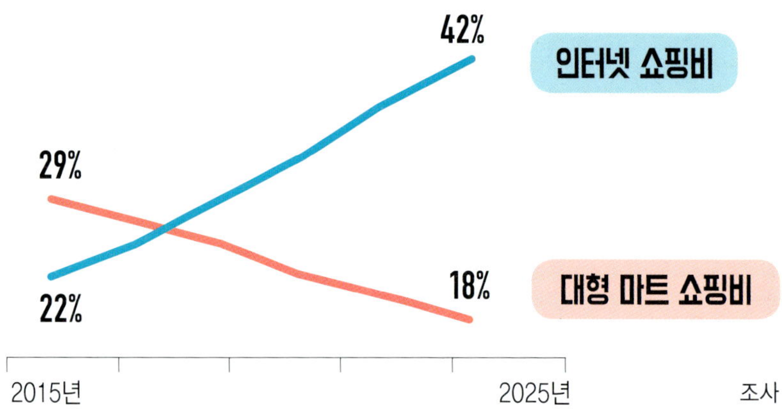

조사 기관: 한국 소비자 협회

쓰기 4 설명하는 글 쓰기 1

알아봅시다

그래프의 내용과 설명을 읽고 그래프의 이름을 찾아 써 봅시다.

막대그래프 꺾은선 그래프 원그래프

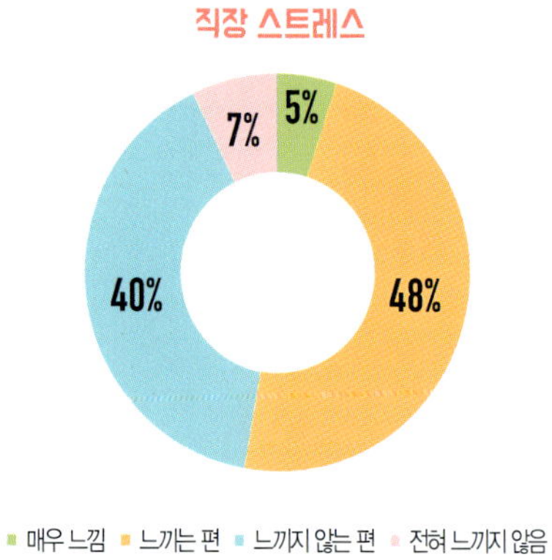

전체에 대한 부분의 비율

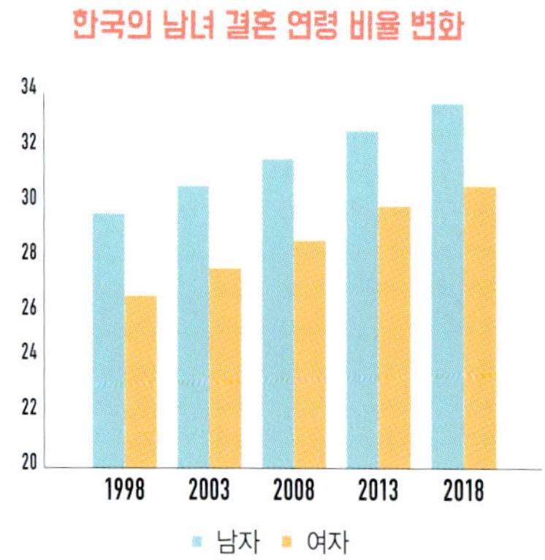

자료의 크기 비교

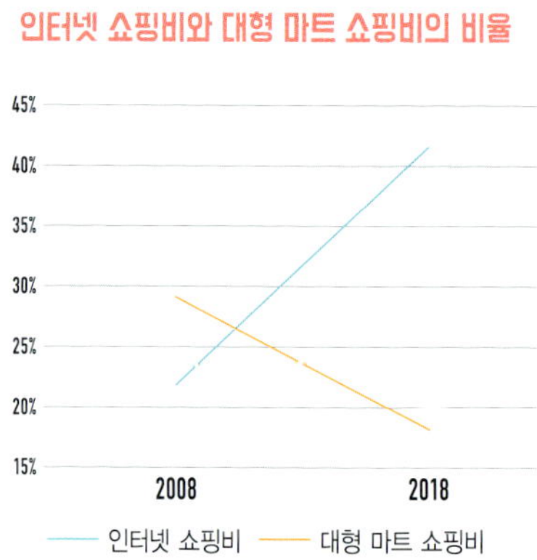

자료의 변화

읽어 봅시다

다음 글을 읽고 밑줄 친 문장을 그래프로 그려 봅시다.

한국은 전체 인구 중에서 노인 인구가 차지하는 비율이 점차 증가하면서 고령 사회가 되어 가고 있다. 전체 인구 중에서 65세 이상의 고령자가 차지하는 비율이 14% 이상이 되면 고령 사회라고 한다. 통계청 조사에 따르면 1970년에는 전체 인구 중 노인 인구가 차지하는 비율이 3.1%에 불과하였으나 2018년에는 14.3%로 증가하였다. 한국이 고령 사회가 된 원인은 평균 수명의 증가와 출산율의 감소로 나누어 볼 수 있다. 먼저 평균 수명은 1970년에는 62.3세였는데 2016년에는 82.4세로 약 20세 정도 늘어났다. 그 다음은 출산율의 감소이다. 출산율은 1970년에는 4.53명인 반면에 2016년에는 1.17명으로 급격히 감소했다.

앞으로도 평균 수명의 증가와 출산율 감소로 인해 한국은 점점 고령 사회가 될 것으로 전망된다. 이로 인해 노동력 부족, 사회 부담 비용의 증가 등과 같은 여러 사회 문제가 발생할 것으로 예상된다.

〈 고령 인구 비율 변화 〉

〈 한국인의 평균 수명 변화 〉

〈 한국의 출산율 변화 〉

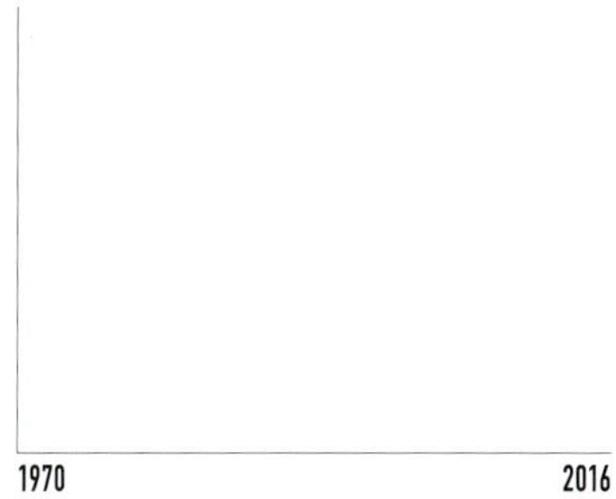

〈조사 기관: 통계청〉

연습해 봅시다

● 다음 표현을 이용하여 외국인 유학생 수 변화를 설명하는 글을 써 봅시다.

- 계속, 점점, 지속적으로
- 증가하다/늘어나다, 감소하다/줄어들다

〈 외국인 유학생 수 변화 〉

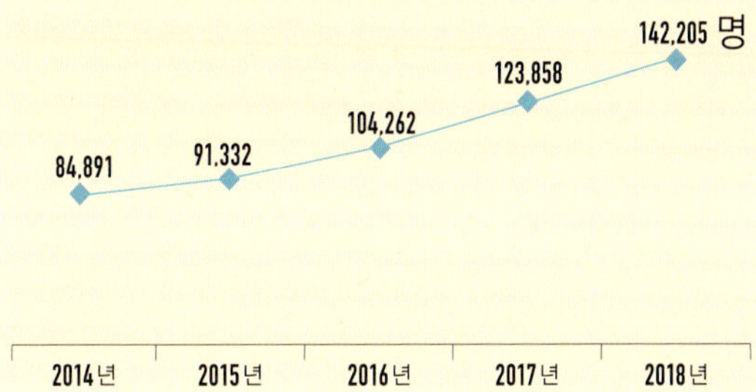

〈조사 기관: 교육부〉

- 은/는 –(으)나/지만 ~은/는
- 부터 ~까지 감소하다가/증가하다가 그 이후부터 증가하다/감소하다

〈 중국 유학생 수 변화 〉

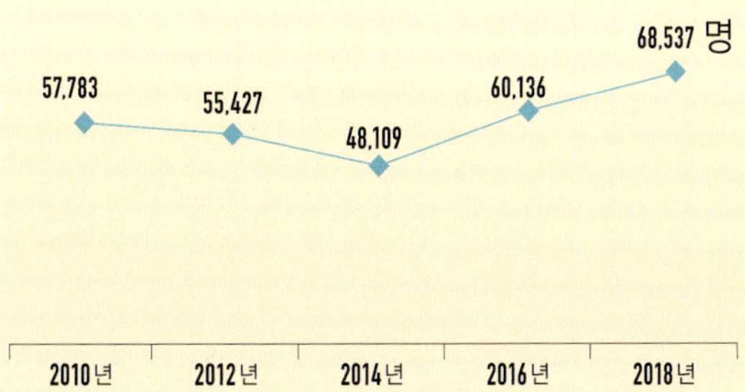

〈조사 기관: 교육부〉

- 은/는 –는/(으)ㄴ 반면에 ~은/는
- 계속 증가하다/감소하다
- 부터 ~까지 급격히 증가하다/감소하다

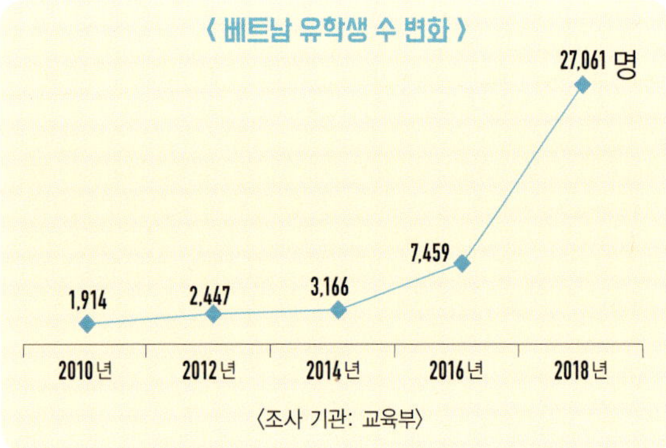

써 봅시다

여러분 나라의 변화를 알 수 있는 자료를 찾고 다음의 순서대로 정리한 후 글을 써 봅시다.

- 자기 나라의 변화를 알 수 있는 자료를 찾는다.
- 변화를 비교할 수 있는 시작과 마지막 시점의 자료를 정리한다.
- 변화의 내용을 그래프로 만든다.
- 그래프를 보면서 변화의 내용을 설명한다.
- 조사한 결과를 비교·분석하여 정리한다.

〈 ______________________ 변화 〉

〈조사 기관: 〉

부록

- 4-1 듣기 대본
- 모범 답안
- mp3 목록

4-1 듣기 대본

1과 꿈과 미래

01-2

1. 저는 어렸을 때부터 만화책을 좋아했습니다. 만화책을 읽는 것도 좋아하고 만화책에서 본 대로 따라 그리는 것도 아주 잘했어요. 그래서 저는 그 분야에 재능이 있는 줄 알았습니다. 대학교에 지원할 때 선생님께서는 저에게 과학과 관련된 전공을 추천하셨어요. 그렇지만 제 꿈은 만화가가 되는 것이었기 때문에 제 고집대로 만화학과에 진학했지요. 처음 입학했을 때에는 수업도 너무 재미있고 모든 것이 다 좋았습니다. 그런데 시간이 갈수록 점점 힘들어졌어요. 그림은 잘 그렸지만 저에게는 새로운 생각이 부족했어요. 저보다 그림을 좀 못 그려도 새로운 생각으로 이야기를 재미있게 만드는 친구들이 많았어요. 솔직히 말하면 제 만화는 제가 봐도 재미가 없거든요. 재능이 부족한 것 같은 이 길을 계속 가야 할지 고민이 됩니다. 제 꿈을 포기해야 할까요?

2. 저는 어렸을 때부터 과학에 흥미가 많았습니다. 그래서 오랫동안 제 꿈은 과학자가 되는 것이었습니다. 하지만 부모님은 제가 의대에 진학해서 의사가 되기를 바라셨습니다. 저도 미래의 안정적인 생활을 위해서 과학자가 되는 것보다 의사가 되는 것이 낫겠다고 생각했어요. 그래서 의대에 진학했습니다. 그런데 공부해 보니 의대 공부는 제 적성에 맞지 않았습니다. 많은 양의 정보를 외워야 하는 것도 힘들고 무엇보다 피에 대한 무서움이 컸어요. 적성에 맞지 않으니까 공부도 안 하게 되고 성적도 계속 떨어지고 있습니다. 학교에 가고 싶지도 않고요. 시간을 더 낭비하지 말고 지금이라도 전공을 바꿔야 할 것 같다는 생각이 듭니다.

3. 제 꿈은 통역사가 되는 것입니다. 그래서 영어 실력을 높이기 위해 영어영문학과에 진학했습니다. 그런데 대학교에 와 보니 영어 수업은 많지 않고 시나 소설 같은 문학에 대한 수업이 더 많았습니다. 나중에 알아보니까 저 같은 경우에는 영어영문학과가 아니라 영어학과에 진학하는 게 더 낫다고 하더라고요. 문학에 흥미가 없는 저는 대학 생활이 별로 즐겁지 않습니다. 저와 같은 실수를 하지 않도록 후배들에게는 전공을 선택할 때 배우는 내용도 꼭 확인하라고 말하고 싶습니다.

4. 저는 한국에 유학 온 외국인 학생입니다. 처음 한국에 와서 1년 정도 한국어교육센터를 다녔습니다. 그런데 1년쯤 되니까 그 생활이 점점 지루해졌어요. 친구들도 대학생이 되어 한국어교육센터를 떠나기 시작했고요. 저도 빨리 대학생이 되고 싶은 마음에 제가 원하는 미술 전공이 아니라 외국인 학생들이 들어가기 쉬운 전공에 지원해서 합격했습니다. 처음 대학생이 됐을 때는 대학 생활에 대한 기대가 컸습니다. 전공 공부도 열심히 하고 다양한 활동도 많이 하겠다고 마음먹었습니다. 하지만 제 재능이나 흥미를 생각하지 않은 전공이라서 내용도 재미없고 열심히 하기도 힘들었어요. 결국 저는 1년 만에 학교를 그만두고 내년에 다시 입학하려고 준비하고 있습니다. 처음부터 저에게 맞는 전공을 선택했더라면 시간을 낭비하지 않았을 텐데요. 그때 아무 전공이나 선택한 것이 너무 후회됩니다.

2과 대인 관계

1 02-2

진행자 매주 금요일, 전문가를 모시고 고민을 상담해 주는 '금요일의 상담실'입니다. 오늘은 최유진 교수님과 '적절한 위로 방법'에 대한 여러분의 고민을 들어 보도록 하겠습니다. 안녕하세요? 교수님.

전문가 안녕하세요.

진행자 많은 분들이 게시판에 고민을 올려 주셨는데요. 먼저 '친절한 호랑이' 님의 고민입니다.

안녕하세요? 저는 평범한 회사원입니다. 며칠 전에

회사 면접시험에 떨어진 친구를 만났는데 친구가 면접시험에 떨어진 게 몇 번째인지 모르겠다고 하면서 힘들어하더라고요. 그래서 위로도 해 주고 도움도 주려고 면접시험에 합격할 수 있는 비결을 알려 주었습니다. 그런데 그 친구가 제 말을 듣더니 화난 것 같았습니다. 그때 저는 친구가 왜 그러는지 이해할 수 없었습니다. 다음에는 합격할 거라고 말로만 위로하는 것보다 제 경험을 말해 주는 것이 더 좋을 거라고 생각했거든요. 어떻게 하는 게 좋은 위로인지 궁금합니다.

네, '친절한 호랑이' 님의 이야기를 잘 들었습니다. 교수님, 상대방을 위로하는 것은 참 어려운 것 같습니다. 이럴 때는 어떻게 해야 할까요?

전문가 먼저 '친절한 호랑이' 님의 생각은 충분히 이해하고요, 문제에 대한 해결 방법을 말해 주는 것도 위로의 방법이 될 수 있습니다. 그렇지만 그 전에 먼저 상대방의 상황에 공감해 주는 것이 필요합니다. 위로는 공감에서 시작되기 때문이지요.

진행자 네, 그렇군요. 교수님의 말씀을 들어 보니까 '친절한 호랑이' 님이 본의 아니게 친구의 마음을 상하게 한 것 같네요. 위로하는 것에도 좋은 방법이 있을 텐데 어떤 방법이 가장 좋은 방법일까요?

전문가 우선 슬프거나 힘든 일이 있는 사람을 위로할 때 처음부터 조언을 하거나 자신의 경험을 말하는 것은 좋은 방법이 아닙니다. 조언을 하느니 차라리 아무 말도 안 하는 게 나을 수 있습니다. 그러니까 가장 좋은 위로 방법은 상대방의 말을 잘 들어 주면서 상대방의 상황에 공감하는 것입니다. 그 다음에 상대방이 원하면 조언해 주거나 경험을 말해 주는 것도 좋겠지요.

진행자 네, 감사합니다. 그럼 다음 고민을 들어 보겠습니다.

2 02-3

여자 텔레비전에서 뭐 재미있는 거 해?

남자 저것 좀 봐. 저 학생은 10살밖에 안 됐는데 대학교 수학 문제를 풀 수 있대. 진짜 머리가 좋은가 봐.

여자 대단하네. 난 10살 때 그냥 놀기만 했는데.

남자 저 아이만큼은 아니지만 내 동생도 수학을 잘해. 어제도 수학 시험에서 100점을 받아서 똑똑하다고 칭찬해 줬어.

여자 그런데 어제 신문에서 봤는데 칭찬에도 '좋은 칭찬'이 있고 '나쁜 칭찬'이 있대.

남자 칭찬에 종류가 있어?

여자 그렇대. 미국의 한 대학교에서 초등학생들한테 어려운 문제를 풀게 했대. 두 팀으로 나눠서 한 팀에게는 "너 정말 똑똑하구나. 머리가 좋네."라고 '지능'에 대한 칭찬을 해 주고 다른 한 팀에게는 "공부를 열심히 하는구나. 노력을 많이 하는구나."라고 '노력'에 대한 칭찬을 해 줬대.

남자 그래서 어떻게 됐는데?

여자 결과가 재미있어. '지능'에 대해 칭찬해 준 팀은 새로운 문제를 선택할 때 더 잘 풀 수 있는 쉬운 문제를 선택하고, '노력'에 대해 칭찬해 준 팀은 스스로 배울 수 있는 더 어려운 문제를 선택했대.

남자 생각하지 못한 결과인데? 똑똑하다고 칭찬을 받은 아이들은 다른 사람들을 실망시키고 싶지 않았나 봐.

여자 맞아. 그래서 다른 사람을 칭찬할 때는 노력한 과정에 대해 칭찬해 줘야 한다고 했어.

남자 그렇구나. 그럼 내 동생한테도 공부 열심히 했다고 칭찬해 줘야겠다.

3과 함께 사는 삶

1 03-2

가나다 행복한 뉴스입니다. 지난 토요일 성북구의 한 경찰서 앞에 가방 하나가 버려져 있었는데요. 가방을 열자 그 안에는 현금 오천만 원과 쪽지 하나가 들어 있었다고 합니다. 쪽지에는 학비 때문에 어려움을 겪는 학생들을 위해 이 돈을 쓰고 싶다고 적혀 있었는데요. 기부자가 가난해서 공부할 수 없었던 어린 시절을 생각하면서 모은 돈이라고 합니다. 자신의 이름은 밝히지 않았지만 이웃에게 따뜻한 사랑을

전하고 싶은 기부자의 마음이 그대로 느껴지네요. 가나다 뉴스 이유진입니다.

2 03-3

진행자 여러분, 안녕하십니까? 오늘은 많은 사람들의 사랑을 받고 있는 배우 강나영 씨를 모셨습니다. 강나영 씨는 뛰어난 연기뿐만 아니라 활발한 기부로도 유명한데요. 오늘은 강나영 씨와 함께 나누는 삶에 대한 이야기를 해 보도록 하겠습니다. 안녕하십니까? 강나영 씨.

강나영 네, 안녕하세요?

진행자 강나영. 이 이름 세 글자면 많은 사람들이 기부나 봉사 등의 단어를 떠올리게 됩니다. 어떻게 이런 활동들을 시작하게 되셨습니까?

강나영 음, 십 년 전이었는데 동생이 해외여행을 가자고 해서 같이 갔어요. 그런데 그게 그냥 여행이 아니라 해외 작은 마을의 아이들을 위해 봉사 활동을 하는 프로그램이더라고요.

진행자 여행을 기대하고 가셨는데 봉사 활동이어서 많이 당황하셨을 것 같네요.

강나영 네, 그랬지요. 어려운 아이들을 돕고 싶으면 필요한 것을 기부하면 되는데 직접 가서 봉사까지 해야 하는 이유를 처음에는 모르겠더라고요. 그런데 동생이 며칠이라도 해 보자고 해서 마을에 머무르다가 아이들의 맑은 눈을 보면서 마음이 움직였어요. 그래서 결국 보름 동안 봉사를 하고 왔어요.

진행자 그러셨군요. 그 후 꾸준히 여러 분야에서 나눔을 실천하고 계시잖아요. 매체를 통해 소개된 것처럼 해외의 아이들과 결연해서 후원도 많이 하시고요.

강나영 네, 한 달에 삼만 원이면 아이들이 교육의 기회를 얻을 수 있다고 하더라고요. 제가 커피 몇 잔만 안 마시면 되는 거잖아요. 그래서 한 명, 한 명 결연하다 보니 지금은 여러 나라에 도와주는 아이들이 늘어나서 오십 명쯤 돼요.

진행자 대단하십니다. 그럼 마지막으로 방송을 보는 분들에게 한 말씀 해 주시지요.

강나영 인간은 혼자 살 수 없잖아요. 다 같이 나눔을 실천하면서 행복하게 살 수 있는 사회를 만들었으면 좋겠어요.

진행자 네, 외모만큼 아름다운 마음을 가진 배우입니다. 오늘은 기부 천사 강나영 씨를 만나 봤습니다.

4과 일상의 문제

1 04-2

한국항공 승객 여러분께 알려 드립니다. 오후 7시 인천에서 도쿄로 가는 한국항공 KD1215편이 현재 비행기 정비로 인해 출발이 지연되고 있습니다. 다시 한번 말씀드리겠습니다. 오후 7시 인천에서 도쿄로 가는 한국항공 KD1215편이 현재 비행기 정비로 인해 출발이 지연되고 있습니다. 이용에 불편을 드려 대단히 죄송합니다.

2 04-3

승객(남) 저, 지금 1시간이나 기다렸는데요. 어떻게 되는 건가요?

직원 죄송합니다. 조금만 더 기다려 주십시오.

승객(남) 오늘 안에 갈 수 있는 건 맞아요? 저녁 7시 비행기인데 지금 몇 시인지 아세요?

직원 죄송합니다. 최대한 빨리 출발할 수 있도록 최선을 다하고 있습니다.

(1시간 후)

직원 손님 여러분, 죄송합니다. 비행기 정비로 인해 출발이 계속 지연되어서 오늘 중으로 출발하기 어렵습니다. 곧 비행기 결항 보상에 대해 설명해 드릴 예정이니 그때까지 잠시 기다려 주시기 바랍니다.

승객(남) 아까는 조금만 기다리면 된다고 하셨잖아요. 지금 앉을 데도 없어서 바닥에 앉아서 기다렸다고요. 손님들한테 더 자세하게 설명을 해야 하는 거 아니에요?

직원 죄송합니다. 손님.

승객(여) 저는 내일 도쿄에서 회의가 있는 데다가 중요한 약속도 있어요. 지금 이게 말이 돼요? 어떻게 보상하실 거예요?

승객(남) 날씨가 안 좋아서 결항이 된 것도 아니고 비행기 정비 때문에 그렇다는 건 회사 책임 아닌가요?

직원 저희가 잘 점검했어야 했는데 정말 죄송합니다. 환불을 원하시는 분들은 전액 환불해 드리겠습니다. 그리고 내일 비행기를 타실 분들은 다른 보상 방법을 설명해 드리겠습니다.

승객(남) 오늘 꼭 가야 하는데……. 그럼 환불해 주세요.

직원 네, 알겠습니다. 환불해 드리겠습니다.

승객(여) 내일은 몇 시에 출발하는 건가요?

직원 오전 9시에 출발합니다.

승객(여) 그럼 내일 출발하는 사람은 어떻게 하면 되지요?

직원 우선 공항 앞 인천호텔에서 무료로 숙박하실 수 있도록 도와드리겠습니다. 그리고 공항 식당 어디에서든지 이용 가능한 식사권을 제공해 드리겠습니다.

승객(여) 내일은 분명히 출발하는 거지요? 휴! 호텔까지는 어떻게 갈 수 있나요?

5과 생각의 차이

1 05-2

여자 좋은 아침! 오늘은 친구랑 같이 안 왔네.

남자 응. 친구가 나한테 좀 화가 났어.

여자 왜? 무슨 일 있었어?

남자 그 친구 꿈이 가수거든. 그런데 자기 노래 실력이 어떤지 솔직히 말해 달라고 해서 가수가 되기에는 실력이 좀 부족한 것 같다고 했어. 내 입장에서는 진심으로 친구를 위해서 그렇게 말한 건데 그 말이 좀 섭섭했나 봐.

여자 그냥 듣기 좋게 잘한다고 말해 주지 그랬어. 하얀 거짓말이라고 하는 말도 있잖아.

남자 착한 거짓말 말하는 거지? 좋은 의도로 거짓말하는 거.

여자 응, 맞아. 착한 거짓말.

남자 나는 그게 늘 고민이 돼. 아무리 좋은 거짓말이라고 해도 남을 속이는 게 싫고 어떤 게 진짜 그 사람을 위하는 건지 잘 모르겠어.

여자 글쎄, 사람마다 생각이 다르겠지만 살다 보면 하얀 거짓말이 어느 정도 필요하지 않을까? 참, 한국에는 새빨간 거짓말도 있는데 들어 봤어?

남자 새빨간 거짓말? 그게 뭔데?

여자 누구든지 알 수 있는 뻔한 거짓말을 새빨간 거짓말이라고 해.

남자 아, 그렇구나. 하얀 거짓말, 빨간 거짓말……. 거짓말에도 색깔이 있다니 재미있네.

2 05-3

사회자 우리 모두 살다가 보면 착한 거짓말을 하게 될 때가 있습니다. 기분 좋아지라고 주위 사람들에게 하는 거짓말부터 불치병 환자에게 희망을 주고자 하는 거짓말까지 크고 작은 착한 거짓말을 하게 됩니다. 이렇게 착한 거짓말을 하는 것이 옳은 일일까요? 오늘은 착한 거짓말에 대해 토론을 하도록 하겠습니다. 먼저 착한 거짓말을 찬성하시는 쪽의 의견부터 들어 보겠습니다.

여자 저는 착한 거짓말을 하는 것에 찬성합니다. 착한 거짓말은 다른 사람을 생각하는 마음으로 하는 거짓말이기 때문입니다. 다른 사람을 위해 거짓말을 하는 것은 그 사람을 배려하는 행동이라고 생각합니다.

사회자 네, 잘 들었습니다. 그럼 반대 측에서도 의견을 말씀해 주시겠습니까?

남자 저는 착한 거짓말을 하는 것은 옳지 않다고 봅니다. 좋은 뜻으로 하는 거짓말이라고 해서 다 괜찮은 것은 아닙니다. 거짓말은 거짓말이니까요.

여자 물론 거짓말을 하는 것은 나쁩니다. 하지만 말씀하신 것처럼 착한 거짓말은 좋은 의도로 하는 것이기 때문에 필요하다고 봅니다. 예를 들어 친구가 머리 모양을 바꿨을 때, 새 옷을 샀을 때 예쁘지 않아도 예쁘다고 말해 주는 것은 잘못된 일이 아니라고 생각합니다. 이런 거짓말은 인간관계에 도움이 됩니다.

남자 그런 거짓말을 들으면 들을 때는 기분이 좋겠지요. 하지만 그게 사실이 아니라는 것을 알게 된다면 기분이 어떻겠습니까? 아마 실망이 더 클 것입니다. 사실대로 말하는 것이 진심으로 그 사람을 위하는 일이라고 생각합니다.

여자 말씀하신 의견에 부분적으로 동의합니다. 하지만 병이 나을 거라는 거짓말이 실제로 환자를 낫게 할 수 있다는 연구 결과도 있습니다. 이런 점을 보면 착한 거짓말의 긍정적인 영향을 무시할 수 없다고 생각합니다.

사회자 네, 두 분 의견 잘 들었습니다. 찬성 측은 찬성 측대로 반대 측은 반대 측대로 설득력 있는 말씀이었습니다. 혹시 두 분 의견에 추가로 더 말씀하실 분 계십니까?

6과 여행과 휴식

1 06-2

가이드 여러분, 오늘 일정은 여기까지입니다. 오늘 즐거우셨습니까?

여자 네, 한라산이 정말 좋더라고요. 감사합니다.

가이드 그럼 내일 일정에 대해서 간단히 안내를 해 드리고 각자 쉬겠습니다. 내일 오전에는 귤 따기 체험이 있습니다. 그리고 오후에는 잠수함을 타 보고 그다음에 목장 체험을 하겠습니다. 귤 따기 체험을 할 때 옷이 더러워질 수 있으니까 갈아입을 옷을 준비해 오셔도 됩니다. 그리고 체험 장소에서 비닐봉지를 드리는데 그 안에 2kg까지 귤을 따서 가져가실 수 있습니다.

여자 그런데 저는 귤을 더 사서 서울로 보내고 싶은데 가능한가요?

가이드 물론입니다. 체험 장소에서 귤을 팔기도 하니까 사서 택배로 보내시면 됩니다.

여자 아, 감사합니다.

가이드 그다음에 30분 정도 해안 도로 경치를 감상하시면서 점심 식사 장소로 이동하겠습니다. 푸른 바다를 따라서 달리다 보면 가슴이 뻥 뚫리실 겁니다.

남자 점심 메뉴는 여행 상품 광고에서 고기 국수로 봤는데 맞습니까? 예전부터 한번 먹어 보고 싶었거든요.

가이드 네, 제주도에 오셨는데 드셔야지요. 그리고 식사 후 두 시부터 세 시까지는 잠수함을 타고 아름다운 바닷속을 구경하면서 신기한 물고기들을 눈앞에서 보실 수 있습니다. 그리고 네 시부터 다섯 시까지는 목장 체험이 있습니다.

여자 목장 체험은 뭘 하는 건가요?

가이드 목장에 말이나 양 같은 여러 동물들이 있습니다. 동물들과 사진도 찍고 동물들에게 먹이도 줄 수 있습니다. 그리고 원하시는 분은 말을 타 보셔도 됩니다.

남자 말 타는 건 무료입니까?

가이드 아니요, 한 시간에 사만 원이고 기념 촬영도 해 드립니다.

여자 그런데 말을 타는 것이 위험하지 않을까요?

가이드 위험하지 않습니다. 말을 탈 때 옆에서 도와주는 사람이 있습니다. 그러니까 걱정하지 않으셔도 됩니다. 제주도가 아니면 어디에서 말을 타 보시겠어요? 색다른 체험에 한번 도전해 보세요.

여자 네, 알겠습니다.

남자 그리고 저녁에 회를 사다가 호텔에서 먹으려고 하는데 이 근처에 회를 살 수 있는 곳이 있습니까?

가이드 네, 조금만 걸어가시면 해산물 식당이 많으니까 거기에서 사다가 드실 수 있습니다. 그럼 내일 각자 조식 맛있게 드시고 필요한 물건을 챙기셔서 로비에서 9시에 뵙도록 하겠습니다.

2 06-3

간토야 이번 방학에 특별한 계획 있어요?

제프리 아니요, 그냥 좀 쉴까 해요.

간토야 지난 방학 때는 유럽에 다녀왔잖아요. 이번에는 아무데도 안 가요?

제프리 네, 지난 방학 때 단체 여행을 갔다 와서 몸살이 났어요. 일정이 너무 빠듯했거든요. 그리고 이번 학기 내내 기운도 없네요.

간토야 어디 아픈 건 아니에요?

제프리 아니에요, 그냥 피곤하고 입맛도 없어요.

간토야 저도 요즘 무기력해서 아무것도 하기가 싫은데.

제프리 간토야 씨도요? 뭐, 시간이 지나면 괜찮아지겠지요.

간토야 그렇게 '시간이 해결해 주겠지.' 하고 생각하면 안 된대요. 그러다가 심해지면 우울증에 걸리기도 한대요.

제프리 그러면 뭐 좋은 방법이라도 있어요?

간토야 물론이지요. 제가 예전에 템플 스테이를 한 적이 있는데 기분도 전환되고 불안했던 마음도 안정되더라고요. 그래서 다음 주에 한 번 더 하려고 하는데 제프리 씨도 같이 할래요?

제프리 템플 스테이가 뭔데요?

간토야 산속에 있는 절에 들어가서 하루나 이틀쯤 있다가 오는 거예요. 거기에 있는 동안 좋은 공기 마시면서 지친 몸과 마음을 치유할 수 있어요.

제프리 그런 게 있어요? 좋아요. 같이 가요.

7과 한국의 역사와 상징

1 07-2

교수 안녕하세요? 지난 시간에 우리는 한국의 전통 집인 한옥에 대해 알아봤습니다. 오늘은 한국을 상징하는 꽃인 국화, 무궁화에 대해서 알아보겠습니다. 한국 사람치고 무궁화를 모르는 사람은 없습니다. 애국가에도 나오는 무궁화는 옛날부터 한국을 상징하는 꽃으로 '영원히 피는 꽃'이라는 뜻을 가지고 있습니다. 무궁화는 꽃이 한 번에 모두 피지 않습니다. 어떤 꽃이 피면 어떤 꽃은 지고, 어떤 꽃이 지면 어떤 꽃은 핍니다. 그래서 항상 꽃이 피어 있는 것처럼 보입니다. 사람의 마음이라고 생각하면 어떨 것 같습니까? 항상 피어 있으니까 변하지 않는 것 같지요? 그래서 무궁화는 '변하지 않는 마음'을 상징합니다. 다음으로 무궁화의 종류에 대해서 알아볼까요?

2 07-3

제프리 오늘 날씨 정말 좋지요?

윤아 네, 걷기에 정말 좋은 날씨예요.

제프리 아, 오늘 현충일이라서 집집마다 국기를 달았군요.

윤아 맞아요. 한국의 기념일을 잘 아네요.

제프리 그런데 왜 국기를 아래에 달았어요?

윤아 현충일은 나라를 위해 돌아가신 분들을 기념하는 날이에요. 이렇게 슬픈 날에는 국기의 세로 길이만큼 아래에 달아요.

제프리 그래요? 그럼 아래에 달지 않는 날은 언제예요?

윤아 개천절이나 한글날 같은 국경일에는 태극기를 위에 달아요.

제프리 아, 국기 이름이 태극기군요. 태극기 색깔과 가운데에 있는 무늬가 참 멋있네요.

윤아 가운데에 있는 그 무늬 이름은 '태극'이에요. 태극 무늬에서 위에 있는 빨간색은 '해'를 의미하고 아래 파란색은 '달'을 의미해요.

제프리 그럼 저 검은색 줄도 뜻이 있어요?

윤아 네, 그 네 가지 검은색 줄은 각각 '하늘', '땅', '물', '불'을 상징해요. 그리고 태극기의 하얀색 바탕은 '평화'를 상징하고요.

제프리 그런데 국기는 특별한 날에만 다는 거예요?

윤아 꼭 그렇지는 않아요. 매일 달아도 상관없어요. 그런데 국경일처럼 나라에서 집집마다 국기를 달도록 정한 날도 있어요. 미국은 언제 국기를 달아요?

8과 생활과 경제

08-2

교수 이번 시간에는 우리가 생활 속에서 쉽게 알 수 있는 경제 원리에 대해서 알아봅시다. 여러분은 혹시 편의점에 갔다가 계획보다 많은 돈을 쓴 적이 있나요?

학생(여) 네, 저는 편의점에 가면 이상하게 생각보다 돈을 많이 쓰게 되는 것 같습니다.

교수 하하, 다른 학생들도 이 학생과 비슷한 경험이 있을 겁니다. 우리나라 편의점의 구조가 소비자들이 지갑을 열게 하는 구조이기 때문에 그렇습니다. 소비자가 충동구매를 하도록 하는 편의점만의 전략이 있거든요. 자, 이제부터 편의점의 판매 전략 세 가지를 설명하겠습니다. 먼저 간단한 것부터 살펴봅시다.

여러분은 보통 편의점에서 뭘 자주 사나요?

학생(남) 저는 음료수를 자주 사는 편입니다.

교수 네, 학생 말대로 음료수는 편의점에서 가장 많이 팔리는 물건 중의 하나입니다. 그런데 음료수는 어디에 있나요?

학생(남) 음, 안쪽에 있는 것 같습니다.

교수 맞습니다. 그 이유가 있는데요, 소비자의 동선 때문입니다. 물건을 많이 팔려면 소비자의 동선이 길어야 할까요? 짧아야 할까요?

학생들 길어야 합니다.

교수 네, 동선을 길게 하면 매출을 올리는 데 도움이 된다고 합니다. 그러니까 소비자들이 음료수를 꺼내러 냉장고 쪽으로 가면서 다른 물건들도 구경하도록 하면 더 좋겠지요. 그럼 두 번째 전략을 알아보겠습니다. 편의점 진열대에서 여러분이 가장 보기 편한 위치는 어디입니까?

학생(여) 서 있을 때 바로 눈앞에 보이는 위치인 것 같습니다.

교수 네, 여러분처럼 소비자들도 바닥에서부터 1.2미터에서 1.6미터 정도가 가장 보기 편하다고 생각합니다. 그래서 이렇게 잘 보이는 위치에 신제품이나 잘 팔리는 물건을 놓습니다.

학생(여) 교수님, 질문이 있습니다. 잘 보이는 곳에 진열하는 물건이 달라지는 것 같던데 그 이유는 무엇입니까?

교수 좋은 질문입니다. 여러 가지 이유 때문에 달라질 수 있는데 그중의 하나는 계절입니다. 간식을 예로 들면, 초콜릿은 겨울에, 사탕은 봄과 여름에 판매량이 높습니다. 그래서 날씨가 추울 때는 초콜릿을 위쪽에, 따뜻해지면 사탕을 위쪽에 놓습니다. 요즘은 날씨가 추우니까 초콜릿이 잘 보이겠지요? 여러분도 수업 끝나고 편의점에 가거든 한번 잘 보십시오. 자, 이제 마지막 전략에 대해서 이야기해 보겠습니다. 마지막 전략도 진열대와 관계있는 것입니다. 혹시 편의점 진열대가 어떤 모양인지 아는 사람 있나요?

학생(남) 좀 작은 것 같습니다.

교수 하하, 그것도 맞습니다. 그리고 진열대의 모양도 일반적인 진열대와 좀 다르지요. 편의점 진열대는 위가 제일 좁고 아래로 갈수록 넓어집니다. 왜 이렇게 만들까요?

학생(남) 편의점의 공간이 좁은 것과 관계가 있을 것 같습니다.

교수 맞습니다. 편의점은 마트에 비해서 좁은 편이지요? 이런 좁은 공간에서는 위에서 아래로 갈수록 넓어지는 모양의 진열대를 사용하는 것이 효과적입니다. 모든 물건을 위에서 아래까지 한 번에 보기가 쉽기 때문이지요. 여러분, 어떻습니까? 자주 가지만 몰랐던 편의점 진열의 원리, 잘 이해했습니까? 질문 있습니까?

4-1 모범 답안

1과 꿈과 미래

듣고 말하기

들어 봅시다

1. 전공 선택에 대한 후회
2. 학생 1 • ——— • 좋아하는 일이지만 재능이 없는 전공을 선택했다.
   학생 2 • ——— • 흥미보다 안정적인 미래를 생각하면서 전공을 선택했다.
   학생 3 • ——— • 무엇을 배우는지 잘 알아보지 않고 전공을 선택했다.
   학생 4 • ——— • 빨리 대학교에 입학하고 싶어서 합격하기 쉬운 전공을 선택했다.
3. 학생 1: ○, ×, ×
   학생 2: ○, ○, ×
   학생 3: ×, ○, ×
   학생 4: ○, ×, ○

읽고 말하기

읽어 봅시다 1

1. 한국어 전공에 대해 소개하고자
2. ×, ○
   ○, ○
   ×, ×
3. ○, ○

읽어 봅시다 2

1. 한국어 전공에 대해 궁금해하는 외국인 유학생들에게 정보를 주고자
2. ×, ○
   ○, ×
   ○, ×
   ○, ○
3. ×, ○, ×, ○, ×

2과 대인 관계

듣고 말하기

들어 봅시다 1

1. 적절한 위로 방법
2. ○, ×, ×
3. 다른 사람을 위로할 때는 조언해 주는 것보다 공감해 주는 것이 좋다.

들어 봅시다 2

1. 좋은 칭찬과 나쁜 칭찬
2.

지능을 칭찬받은 팀	더 잘 풀 수 있는 쉬운 문제
노력을 칭찬받은 팀	스스로 배울 수 있는 더 어려운 문제

3. ×, ○, ○

읽고 쓰기

읽어 봅시다 1

1. 교수님께 메일 보내는 방법
2. 자기소개, 교수님 수업에 대한 감사, 메일을 보낸 목적, 끝인사
3. ×, ×, ○, ○

읽어 봅시다 2

1. 결석
2. 첫 번째 메일: ×, ○　　두 번째 메일: ×, ○

3과 함께 사는 삶

듣고 말하기

들어 봅시다 1

1. 이름을 밝히지 않은 기부
2. ×, ○, ×

들어 봅시다 2

1. 배우의 봉사와 기부
2. 동생이 가자고 한 여행에서 봉사 활동을 경험하게 되어서
3. ×, ○, ×, ○

읽고 말하기

읽어 봅시다 1

1. 나눔 장터를 알리고자
2. ×, ○, ×, ×

읽어 봅시다 2

1-1. 타인을 배려하지 않아서 여자 친구와 헤어지게 된 남자

1-2. ○, ×, ×

1-3. 기대 / 설렘 → 실망

2-1. ○, ○, ×

2-2. 걱정과 기대 → 두려움 → 감동 → 희망

2-3. 학생들이 아픈 친구를 배려해서 같은 모양으로 머리를 잘랐기 때문에

4과 일상의 문제

듣고 말하기

들어 봅시다 1

1. 비행기 출발 지연 안내
2. 비행기 정비를 해야 해서
3. ×, ○

들어 봅시다 2

1. 비행기 결항에 대한 불만과 보상
2. ×, ○, ×, ×, ○
3. 직원이 호텔까지 가는 방법에 대해 설명한다.

읽고 쓰기

읽어 봅시다 1

1.

불만 사항	건의 사항
• 셔틀버스를 타기가 힘들다.	• 셔틀버스 운행 대수를 늘려 줬으면 좋겠다.

2. ×, ○

읽어 봅시다 2

1.

불만 사항	건의 사항
• 흡연자들이 흡연 장소가 아닌 곳에서 담배를 피운다. • 담배꽁초가 바닥에 버려져 있다.	• 흡연자들이 정해진 장소에서만 담배를 피우고 담배꽁초를 쓰레기통에 버렸으면 좋겠다. • 학교에서 학생들이 흡연 장소에서 담배를 피우게 관리해 줬으면 좋겠다.

2. ×, ○

5과 생각의 차이

듣고 말하기

들어 봅시다 1

1.

하얀 거짓말	좋은 의도로 하는 거짓말
새빨간 거짓말	누구든지 알 수 있는 뻔한 거짓말

2. ×, ×, ○

들어 봅시다 2

1. 착한 거짓말

2. ○, ○, ×

3.

여자의 주장

착한 거짓말에 (☑ 찬성 □ 반대)

주장의 근거

1. 다른 사람을 배려하는 행동이다.
2. 인간관계에 도움이 된다.
3. 긍정적인 영향을 무시할 수 없다.

남자의 주장

착한 거짓말에 (□ 찬성 ☑ 반대)

주장의 근거

1. 좋은 뜻으로 하는 거짓말도 거짓말이다.
2. 사실이 아니라는 것을 알게 되면 실망이 더 클 것이다.

읽고 말하기

읽어 봅시다 1

1. 남자와 여자, 동양인과 서양인의 생각의 차이

2. 1)

	대답	이유
남자	비싼 최고급 초콜릿을 산다.	목표를 이루는 것을 중요하게 생각하기 때문에
여자	재료를 사서 직접 만든다.	과정을 중요하게 생각하기 때문에

2)

	대답	이유
동양인	학생들이 말을 듣지 않아서	'관계'를 중요하게 생각하는 사고방식 때문에
서양인	오늘 아침에 있었던 기분 나쁜 일이 생각나서	개개인이 따로 떨어져 있다고 생각하는 사고방식 때문에

3. ×, ○, ○, ×

읽어 봅시다 2

1.

단락	주요 내용
1단락	일부 네티즌들이 영화에 대한 내 의견을 비난했다.
2단락	사람들은 자신과 의견이 다르면 틀린 것이라고 잘못 생각하고 있다.
3단락	생각의 차이를 인정하지 못하면 갈등이 생긴다.
4단락	더 나은 사회를 만들기 위해 다름을 인정해야 한다.

2. ×, ×, ×, ○

3. 생각의 차이를 인정해야 한다.

6과 여행과 휴식

듣고 말하기

들어 봅시다 1

1. 가이드와 여행객
2. 다음 날 일정 안내
3. (②) – (④) – (①) – (③)
4. ○, ○, ○, ×, ○, ×.

들어 봅시다 2

1. 기운이 안 나고 피곤하고 입맛도 없다.
2. 무기력해서 아무것도 하기가 싫다.
3. ○, ×, ○

읽고 쓰기

읽어 봅시다

1. ×, ○, ○

×, ×, ○

2\. 108배는 108번 절을 하면서 자신이 잘못한 108가지 일에 대해서 용서를 구한다는 의미이다.

3\. 템플 스테이 전: ○, ×
   템플 스테이 후: ×, ○

4\. ×, ×, ○, ○

7과 한국의 역사와 상징

듣고 말하기

들어 봅시다 1

1\. 무궁화

2\. ○, ×, ×

3\. 무궁화의 종류

들어 봅시다 2

1\. 태극기

2\. ㉠ 해
   ㉡ 달
   ㉢ 하늘, 땅, 물, 불
   ㉣ 평화

3\. ×, ×, ○

읽고 말하기

읽어 봅시다 1

1\. 조선 시대 한양의 모습

2\. ○, ×, ○, ×, ×, ○

읽어 봅시다 2

1\. 옛날과 달라진 현대 서울의 모습

2\. ○, ×, ○, ×, ×, ×

8과 생활과 경제

듣고 말하기

들어 봅시다

1\. ②

2\. ②

3\. 1) 안쪽
   2) 잘 보이는 위치
   3) 한 번에 볼

4\. ○, ×, ○, ×

읽고 쓰기

읽어 봅시다 1

1\. 2018년 20대의 월 평균 지출 내역

2\. ○, ×, ×

읽어 봅시다 2

1\. 2008년부터 2018년까지 전체 소비 지출 중 식비와 문화·레저비의 비율 변화

2\. ×, ○, ○

3\. ㉠ 가정의 수입이 늘어났기 때문에
   ㉡ 문화 및 레포츠 산업이 발달했기 때문에

4\. ○, ×, ○

4-1 mp3 목록

타이틀	단원	단원 내용	쪽
01-1	01과	대화	28
01-2		들어 봅시다	31
01-3		발음	32
01-4		문법 3	33
02-1	02과	대화	48
02-2		들어 봅시다 1	51
02-3		들어 봅시다 2	51
02-4		발음	52
02-5		문법 3	53
03-1	03과	대화	72
03-2		들어 봅시다 1	75
03-3		들어 봅시다 2	76
03-4		억양	76
03-5		문법 3	77
04-1	04과	대화	92
04-2		들어 봅시다 1	95
04-3		들어 봅시다 2	95
04-4		발음	96
04-5		문법 3	97

타이틀	단원	단원 내용	쪽
05-1	05과	대화	116
05-2		들어 봅시다 1	119
05-3		들어 봅시다 2	119
05-4		발음	120
05-5		문법 3	121
06-1	06과	대화	138
06-2		들어 봅시다 1	141
06-3		들어 봅시다 2	142
06-4		끊어 읽기	142
06-5		문법 3	143
07-1	07과	대화	162
07-2		들어 봅시다 1	165
07-3		들어 봅시다 2	165
07-4		끊어 읽기	166
07-5		문법 3	167
08-1	08과	대화	182
08-2		들어 봅시다	185
08-3		억양	186
08-4		문법 3	187